Zu gutem Gedenken

Vivitur ingenio.
16 28.
Januari
Anno Ut Supra
Regna cadunt, urbes pereunt, nec quæ fuit olim
Roma manet, præter nomen inane, nihil.
Sola tamen rerum, doctis quæsita libellis
Effugiunt structos Fama decusque rogos.

Zu gutem Gedenken

KULTURHISTORISCHE MINIATUREN AUS STAMMBÜCHERN
DES GERMANISCHEN NATIONALMUSEUMS

1570–1770

Ausgewählt, eingeleitet und erläutert
von Lotte Kurras

Prestel-Verlag

Einbandvorderseite:

Liebespaar mit Amor und Fortuna.
Kremnitz 1641

Einbandrückseite:

Liebespaar und Pferd in Landschaft.
Altdorf 1608

Frontispiz:

›Vivitur ingenio‹ – Eintrag des Nürnberger Bürgers
Georg Wefritz 1628 (vgl. Abb. 88)

Photographien: J. Musolf, Germanisches Nationalmuseum,
Abb. III und IV: Bayerische Staatsbibliothek München,
Abb. VIII: Staatsbibliothek Bamberg
Lithographien: Brend'amour, Simhart & Co., München
Satz: SchumacherGebler, München
Druck und Bindung: Passavia Druckerei GmbH, Passau

ISBN 3-7913-0827-0

Inhaltsverzeichnis

Einleitung

›Memoriae causa‹ – ›Zu guter Gedechtnis‹ lautet eine der gängigen Widmungsformeln, mit der junge Studenten sich vor drei bis vier Jahrhunderten in das Stammbuch eines Freundes eintrugen. ›Gedechtnis‹ oder häufiger noch ›Gedechtnus‹ ist hier die alte Form für unser heutiges Wort ›Gedenken‹, und das Stammbuch ist der würdigere Vorläufer des heute vorwiegend bei Mädchen einer bestimmten Altersstufe gebräuchlichen Poesiealbums.

Diese kleinen Büchlein waren oft kostbar ausgestattet mit verzierten Ledereinbänden, mit eingebundenem Buntpapier, mit Miniaturen, Federzeichnungen und sonstigem künstlerischen Schmuck versehen. Sie wurden deshalb schon früh zu einem beliebten Sammelobjekt in Bibliotheken und Museen wie bei privaten Sammlern. Das Germanische Nationalmuseum Nürnberg besitzt mit einem Bestand von mehr als 300 Exemplaren eine der großen Stammbuchsammlungen im deutschsprachigen Raum. Zusätzlich werden weitere Stammbücher als Leihgaben hier aufbewahrt, und überdies ist eine nicht unbeträchtliche Zahl von Einzelblättern aus Stammbüchern in verschiedene Abteilungen des Museums (Archiv, Bibliothek, Graphische Sammlung) gewandert.

Die Erwerbungsgeschichte der Stammbuchsammlung reicht bis in die Anfangszeit des Museums zurück. Der Grundstock ging aus dem Besitz des Museumsgründers, des fränkischen Edelmannes Hans Philipp Werner von und zu Aufseß (1801–1872) in die Bibliothek des Museums über, und der Bestand wurde durch Ankäufe und Schenkungen bis in die neueste Zeit ergänzt. Ein größerer Ankauf gelang 1911, als die berühmte

Stammbuchsammlung des 1894 verstorbenen Kgl. Preussischen Geheimen Rechnungsrates Friedrich Warnecke in Leipzig versteigert wurde. Vor diesem Ereignis wandte sich das Germanische Nationalmuseum mit einem Spendenaufruf an die Nürnberger Patrizierfamilien und bat darin um Mithilfe beim Ankauf von Nürnberger Stammbüchern. Auf diese Weise kamen mehr als 4000 Mark zusammen, ein für jene Zeit beachtlicher Betrag, der entscheidend dazu beitrug, daß auf der Leipziger Auktion durch den damaligen Zweiten Direktor Theodor Hampe 25 Stammbücher ersteigert werden konnten. Weitere Stücke der Sammlung Warnecke gelangten zwischen 1915 und 1925 auf dem Umweg über Antiquariate ebenfalls ins Museum.

Als vor einiger Zeit zwei Enkelinnen Warneckes das Museum besuchten, um sich ein paar Stücke aus der ehemaligen Sammlung ihres Großvaters vorlegen zu lassen, berichteten sie auch von einer Kindheitserinnerung ihrer Mutter – Tochter Warneckes aus einer späten zweiten Ehe –: Das kleine Mädchen durfte sonntags mit frisch gewaschenen Händen und weißem Schürzchen auf einem Stuhl sitzend Stammbücher als Bilderbücher betrachten.

Die reizvollen und thematisch vielfältigen Bilder aus insgesamt vierzig Stammbüchern, die in vorliegendem Büchlein abgebildet sind, vermögen auch heute auf den Betrachter unmittelbar zu wirken.

ZUR ENTWICKLUNG DER STAMMBUCHSITTE

Vor vierhundert Jahren gehörten Stammbücher zum Reisegepäck der Studenten, die an ihrem auswärtigen Studienort Freunde, Mitstudenten, Professoren und Honoratioren um Einträge ins Stammbuch baten. Entstanden war die Sitte, soweit wir heute sehen, kurz vor der Mitte des 16. Jahrhunderts. Das älteste bisher bekannte Stammbuch wurde 1545 in Wittenberg begonnen; sein Besitzer Claude de Senarclens gehörte damals in Genf zum nächsten Umkreis Calvins und wurde von diesem zu Melanchthon nach Wittenberg entsandt. Im Jahr darauf nahm Senarclens am Regensburger Religionsgespräch teil. Auch die nächstältesten Stammbücher stehen mit Wittenberg in Verbindung, so daß man mit Recht die protestantische Universität Wittenberg als geographischen und kulturhistorischen Ausgangspunkt dieses studentischen Brauchs ansieht.

Es lassen sich mehrere Traditionsströme feststellen, die schließlich zu der neuen Buchgattung ›Stammbuch‹ zusammenflossen. Schon zu Lebzeiten Luthers war es Sitte geworden, die berühmten und verehrten Lehrer dieser Hochschule um eigenhändige Einträge in eines ihrer gedruckten Werke zu bitten. Es gibt Hunderte von handschriftlichen Beischriften Luthers in Bibeln, Gesangbüchern, Katechismen etc. Der Kärntner Adelige Christoph von Teuffenbach, der später ein bekannter

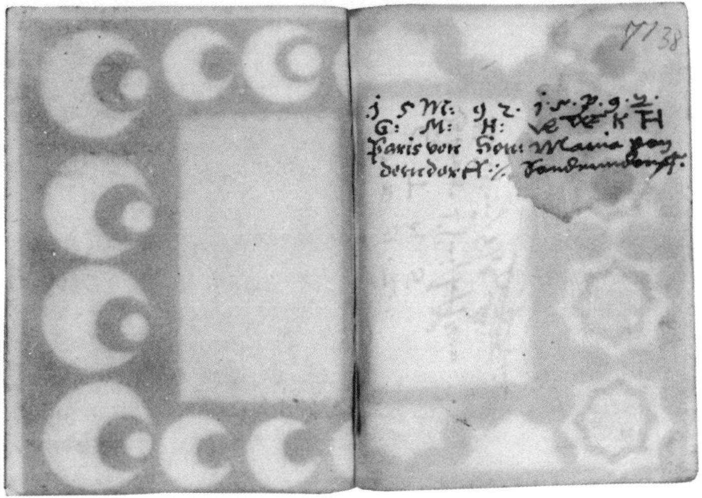

1 Türkisches Silhouettenpapier
aus dem Stammbuch einer adeligen Dame mit Eintrag
von Paris und Maria von Sonderndorff 1592

Feldherr und unter Kaiser Rudolf II. Generalissimus der kaiserlichen Armee wurde, kaufte sich als junger Wittenberger Student eine Ausgabe der berühmten ›Loci communes theologici‹ des Philipp Melanchthon. In dieses Buch hat nicht nur Melanchthon selbst eine siebenseitige lateinische Exegese zu Vers 4, 13 des ersten Timotheusbriefes eigenhändig eingeschrieben, es finden sich von weiteren drei Wittenberger Professoren bzw. Reformatoren längere handschriftliche Ausführungen über religiöse Themen. Joachim Camerarius berichtet in seiner 1566 gedruckten Lebensgeschichte des Melanchthon von dessen unablässigen Studien, die ihm keinerlei freie Zeit gelassen hätten und erwähnt dabei »eine neue wunderliche Beschäftigung«, die Melanchthon zusätzlich ermüdet habe: *»Es begannen nämlich viele, durch seine eigene sowie die Berühmtheit anderer getrieben, nach eigenhändigen Beischriften in ihren Büchlein zu verlangen, die sie vorweisen könnten. Und etliche trugen für diese Eintragungen zusammengebundene Blätter und besondere Büchlein bei sich. Unglaublich ist es, wieviel Zeit und Mühe Melanchthon dafür aufgewendet hat …«*

Aus Briefzeugnissen wissen wir, daß mit den Autographen von Luther und Melanchthon in den Jahrzehnten nach ihrem Tod in Wittenberg ein regelrechter Handel getrieben wurde. Noch in den achtziger Jahren des 16. Jahrhunderts bemühte sich der aus Lauf an der Pegnitz stammende spätere Nürnberger Pfarrer Georg Werner während seines Studiums in Wittenberg, Zettel mit eigenhändigen Aufzeichnungen Luthers und Melanchthons zu bekommen, die er dann zusammen mit einem Siegelabdruck Zwinglis sozusagen als protestantische Reliquien in sein Stammbuch einklebte (die Handschriftenproben von Luther und Melanchthon hatte er von Philipp Melanchthon d.J., dem Sohn des Humanisten, geschenkt bekommen, wie eine Beischrift mitteilt).

Neben diesen Reformatoren-Autographen gibt es weitere Vorstufen der Stammbuchsitte. So ist es offenbar in Adelskreisen üblich gewesen, Freunde und Gäste um Einschreibung ihres Namens in ein Buch aus dem Besitz des Gastgebers zu bitten. Aus Frankreich ist aus dem Besitz der Marie von Cleve, Gemahlin des französischen Dichters Herzog Charles d'Orléans, ein solches Buch (eine Handschrift mit Dichtungen von Alain Chartier) mit mehr als fünfzig Namenbeischriften schon aus dem 15. Jahrhundert bekannt. Im österreichisch-süddeutschen Raum gibt es Beispiele aus den zwanziger und dreißiger Jahren des 16. Jahrhunderts. Im engeren Sinne könnte man sie als Frühformen des Gästebuchs bezeichnen, doch führt durch die Art der Einträge eine direkte Linie auch zu den Stammbüchern.

Von Stammbuch im eigentlichen Sinne sprechen wir, wenn das zur Eintragung verwendete Buch klein und handlich genug war, um auch auf Reisen mitgenommen zu werden. Christoph von Teuffenbach, der zunächst in Wittenberg die Einträge der protestantischen Professoren auf vorgebundene leere Blätter in seinem Melanchthon-Druck gesammelt hatte, nahm das Buch anschließend mit auf seine Peregrinatio academica nach Frankreich und Italien und ließ dort jeweils eine Anzahl von Kommilitonen sich eintragen; noch zwölf Jahre nach dem Abschluß seiner Studienzeit gehörte es zu seinem Reisegepäck, als er 1567 als kaiserlicher Gesandter zu Friedensverhandlungen mit Sultan Soleiman II. nach Konstantinopel reiste.

Die Verwendung gedruckter Bücher als Stammbuch war in der zweiten Hälfte des 16. Jahrhunderts verbreitet. Oft wurden diese Drucke beim Binden zu diesem Zweck mit leeren Seiten durchschossen, öfter sind die Einträge einfach auf die Ränder der Druckseiten geschrieben. Besonders beliebt wurden zur Verwendung als Stammbücher die zahlreichen Auflagen des ersten emblematischen Buches der Literaturgeschichte: der ›Emblematum Liber‹ des Mailänder Juristen Andrea Alciato, der 1531 in Augsburg erstmals gedruckt worden war und in den folgenden 130 Jahren mehr als 170 verschiedene Ausgaben erlebte. Unter Emblem versteht man eine sinnbildliche Darstellung (Icon oder Pictura) mit kurzem Motto (Lemma oder Inscriptio) und längerem, erläuternden Epigramm (Subscriptio). Ein Beispiel ist auf Seite 35 abgebildet: Dargestellt ist ein Anker, von einem Delphin umwunden (das Bild kommt so

II Türkisches Silhouettenpapier
mit Eintrag des Altdorfer Professors der Beredsamkeit
und Poesie Georg Mauricius 1629

bereits auf antiken römischen Münzen vor), das Motto lautet *»Princeps subditorum incolumitatem procurans«* (*Der Fürst, der seinen Untertanen Heil schafft*), und das Epigramm deutet die aus der Naturgeschichte des jüngeren Plinius übernommene angebliche Eigenart des Delphins, sich als Helfer des Menschen um ausgeworfene Anker zu winden, als Mahnung an den regierenden Fürsten.

Neben den gedruckten Büchern fanden von Anfang an eigens zu diesem Zweck angefertigte Büchlein mit leeren Blättern als Stammbuch Verwendung (das älteste bisher bekannte ›eigentliche‹ Stammbuch, das bereits erwähnte des Claude de Senarclens, ist ein solches). Diese Bücher sind im 16. Jahrhundert überwiegend hochformatig, doch gibt es Ausnahmen: So ist bereits das viertälteste, 1568 begonnene Stammbuch im Besitz des Germanischen Nationalmuseums als Querformat angelegt, und vom 17. Jahrhundert an ist dies das vorherrschende Stammbuchformat. In Stuttgart ist ein querformatiger Druck von 1569 erhalten, der schon im Druckjahr von Herzog Friedrich I. von Württemberg als Stammbuch in Gebrauch genommen wurde. In die aus leeren Blättern bestehenden Stammbücher ist öfter Buntpapier eingebunden worden, das in den frühen Alben türkischer Herkunft ist; besonders kostbare Exemplare bestehen ausschließlich aus türkischen Silhouettenpapieren, Marmor- und Silberstreupapieren (Abb. I und II).

Gelegentlich sind auch mittelalterliche Handschriften später als Stammbuch verwendet worden, wie die heute in München befindliche reich illustrierte Handschrift des ›Jüngeren Titurel‹, welche im 16. und 17. Jahrhundert bei drei Generationen der in Oberösterreich ansässigen Familie Fernberger von Egenberg als Stammbuch in Gebrauch war (Abb. III).

Schon in den fünfziger Jahren des 16. Jahrhunderts kamen Verleger auf den Gedanken, vorgedruckte spezielle Stammbücher auf den Markt zu bringen. Sie haben entweder vorgedruckte Wappenschilde, in die der Eintragende sein eigenes Wappen malen lassen kann, oder auch nur mit Schmuckbordüren bedruckte Seiten (Abb. IV und V). Das Titelblatt bezeichnet sie in Lyon zum Beispiel als ›Thesaurus amicorum‹, in Deutschland öfters als ›Stamm- oder Gesellenbuch‹, wobei ›Geselle‹ hier soviel wie ›Freund‹ bedeutet. Der aus Lüttich stammende, außerordentlich produktive Kupferstecher Theodor de Bry, der seine Heimat aus Glaubensgründen verlassen mußte, gab 1592 in Frankfurt am Main erstmals seine ›Emblemata nobilitati et vulgo scitu digna ...‹ heraus, die durchgehend lateinisch-deutsch betextet sind. Der deutsche Titel lautet: ›Stam Vnd Wapenbuchlein‹. Dies ist ein Emblembuch, das speziell für den Gebrauch als Stammbuch entworfen worden ist. Herzog August d.J. von Braunschweig-Lüneburg, der die Erstausgabe als eigenes Stammbuch benutzt hat, wählte für seinen Eintrag in einen Druck von 1593 das der Fortuna gegenüberstehende Blatt (Abb. VI).

Später gibt es dann Stammbuchsammlungen aus Einzelblättern, die manchmal mit Bordüren bedruckt sind (vgl. Abb. X).

Auch bei den Einträgen gibt es verschiedene Kategorien. Der einfachste besteht nur aus dem Namen des Eintragenden und der Jahreszahl. Er ist vor allem bei Fürsten und auch beim niederen Adel üblich. Ist bei der Jahreszahl ein Buchstabe oder eine Buchstabenligatur eingeschoben (15 A 67), so ist damit in der Regel der Anfangsbuchstabe vom Namen des Ehegatten gemeint (vgl. Abb. I). Als Erweiterung kann zu dieser Eintragsform die Devise hinzukommen, die als persönlich gewählter Wahlspruch bereits seit der Mitte des 15. Jahrhunderts auch bei einzelnen deutschen Fürsten üblich war. Die Devise kann ausgeschrieben werden, wird vielfach aber nur mit den Anfangsbuchstaben der Worte angedeutet, beispielsweise WGW = Wie Gott will (Friedrich Herzog von Braunschweig-Lüneburg 1590 u.ö.) oder HRMDDW = Herr, regier mich durch dein Wort (Johann Wilhelm Herzog zu Sachsen-Weimar 1567 u.ö.). Die Devise von Herzog August d.J. von Braunschweig-Lüneburg AMB = Alles mit Bedacht ist auf Abbildung VI zu sehen.

Diese Form des Adelseintrags ist die in den erwähnten Gästebuch-Vorläufern übliche, ist aber zunächst vor allem als Besitz-

III Miniaturenblatt aus der Münchener Handschrift des ›Jüngeren Titurel‹ (um 1430) mit Stammbucheinträgen des 16. und 17. Jahrhunderts

eintrag in Büchern oder auch als Widmungseintrag aufgetreten. So schrieb sich 1529 Ottheinrich, der spätere Kurfürst von der Pfalz, mit seiner Devise ›*Mit der Zeit*‹ in ein Gebetbuch ein, das jeweils auf der linken Seite lateinischen Text, auf der rechten Seite die deutsche Übersetzung enthält. Dies läßt die Vermutung zu, daß es sich um ein Geschenk Ottheinrichs an seine Gemahlin Susanna handelt, die er im Oktober 1529 geheiratet hatte: Der Anfangsbuchstabe ihres Namens ist zwischen die Jahreszahl gestellt (Abb. VII).

Dieselbe Form des Fürsteneintrags ist aus dem Jahre 1534 mit darüber gemalten Wappen in einem in Pommersfelden erhaltenen Gebetbuch zu finden (Abb. VIII). Hier haben sich Herzog Wilhelm IV. von Bayern und seine Gemahlin Jakobäa entweder als gemeinsame Besitzer eingetragen, oder sie haben das Büchlein einem Dritten gewidmet, möglicherweise einem ihrer Kinder (in der bisherigen Literatur wird die Handschrift fälschlich als ›Hochzeitsgebetbuch‹ bezeichnet, doch war das Herzogspaar 1534 bereits zwölf Jahre verheiratet).

Als Kennzeichnung von Bücherbesitz kamen seit etwa 1480 gedruckte Exlibris in Gebrauch. Fast alle frühen Beispiele sind Wappenexlibris, die in der Regel auch Namen und Wahlspruch des Eigentümers aufweisen. Bekanntlich hat Dürer mehrere Exlibris entworfen, darunter um 1502 auch eines für Willibald Pirckheimer mit Wappen, dreisprachigem Motto und der Widmung ›*Sibi et amicis*‹. Exlibris wurden sowohl als Besitzkennzeichen wie auch als Bücherwidmung an andere verwendet, so daß man zwischen Eignerzeichen und Geberzeichen unterschieden hat. Sowohl handschriftliche wie als Exlibris vorgedruckte Besitznachweise in Büchern sind jedenfalls als Ursprung einer bestimmten Art von Stammbucheinträgen zu betrachten, denn in dieser Form – mit (erweiterter und datierter) Unterschrift – sind Stammbucheinträge über Jahrzehnte vor allem während des 16. und beginnenden 17. Jahrhunderts geschrieben worden, nicht nur von Adeligen, sondern bald auch von Bürgerlichen. Zur Unterschrift kann dabei noch die aus der Urkundenpraxis übernommene Mp-Abkürzung (=›manu propria – mit eigner Hand‹, Kennzeichnung der eigenhändigen Unterschrift) hinzukommen.

Eine andere Art des Eintrags tritt bereits im Stammbuch des Claude de Senarclens auf. Sie besteht aus einem kürzeren Zitat (manchmal auch mehreren) und der anschließenden Widmung an den Stammbuchbesitzer: »*Claudio suo a Senarckleni [?] Erhardus Schnepffius amoris ergo 1546 in colloquio Ratisbonensi.*« In ihrer lateinischen Fassung ist diese Widmung nichts anderes als die unter Humanisten übliche Grußformel, die einen Brief einleitet oder abschließt. Sie wird ebenfalls als Buchwidmung verwendet, wenn ein humanistischer Autor ein neu erschienenes Buch einem Freund oder Gönner dediziert. In den Stammbucheinträgen erscheint diese Form dann mehr oder minder individuell abgewandelt sowohl in lateinischer wie in deutscher Sprache, wobei, wie anfangs erwähnt, das ›Memoriae causa – zu guter Gedechtnus‹ besonders häufig auftaucht.

Der als Frontispiz abgebildete Nürnberger Eintrag aus dem Jahre 1628, von Georg Wefritz geschrieben für den Nürnberger Bürgersohn Elias Bilgram, der später Rektor in Eßlingen wurde, zeigt die Formulierung »*zu imerwerender guter gedechtnus*«. Er bringt das bürgerliche Wappen des Eintragenden und ein für Nürnberg besonders bedeutungsvolles Motto: ›*Vivitur ingenio*‹. Es sind die beiden ersten Worte des Pentameters, der auf Dürers Porträtstich des Willibald Pirckheimer von 1524 so lautet: ›*Vivitur ingenio, caetera mortis erunt*‹ (*Man lebt durch den Geist, alles andere wird vergehen*). Der Vers ist, wie Dieter Wuttke vor einiger Zeit nachweisen konnte, aus der Appendix Vergiliana, einem antiken Gedichtcorpus, entnommen und offenbar durch den Nürnberger Humanisten für seine Zeit neu entdeckt worden. Seither wurde er gerne zitiert und fand auch

IV Schmuckbordüren
aus dem Stammbuch des Georg Morold

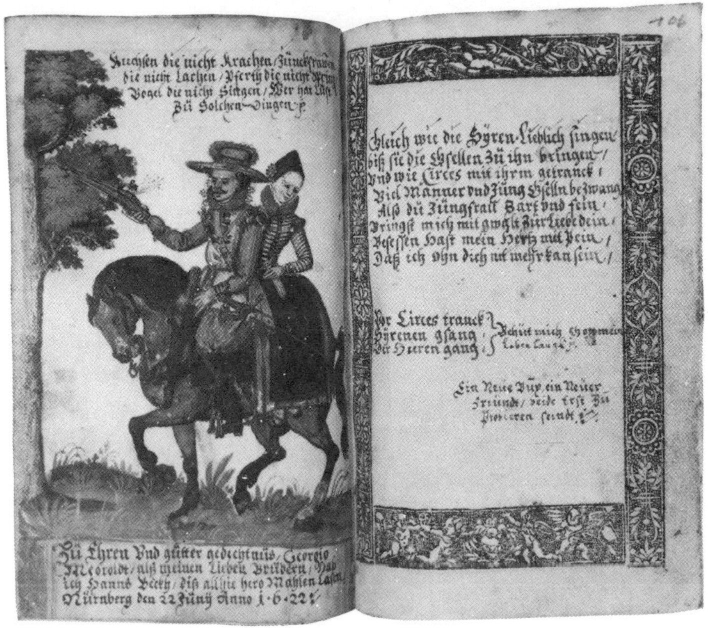

V Doppelseitiger Eintrag
»Zu Ehren vnd gutter gedechtnus«
für Georg Morold 1622

Eingang in mehrere Emblembücher. Aus den Emblemata des holländischen Juristen Florentius Schoonhovius hat es der Nürnberger Georg Wefritz schließlich für seinen Stammbucheintrag samt dem bei Schoonhoven zugehörigen Epigramm und Bild (letzteres ist auf Seite 109 abgebildet) übernommen. Beachtenswert ist eine Variante dieses Verses, die der dänische Astronom Tycho Brahe vermutlich 1576 oder 1577 in das Stammbuch eines deutschen Fürsten eintrug; er schrieb:

AETERNUM:
VIVIMUS IN CHRISTO CAETERA MORTIS ERUNT.
TEMPORANEUM:
VIVIMUS INGENIO CAETERA MORTIS ERUNT.

In deutscher Übersetzung lautet dies:

Ewig:
Wir leben in Christus, alles andere wird vergehen.
Zeitlich:
Wir leben durch den Geist, alles andere wird vergehen.

(Stuttgart, Cod.hist. 4°42 p. 291)

Wie in diesem Beispiel sind die mit Zitat versehenen Einträge im 16. Jahrhundert überwiegend lateinisch gehalten. Neben Latein ist auch Griechisch und Hebräisch anzutreffen, was die Gelehrsamkeit des Eintragenden noch besonders unterstreicht. Später kommen mehr und mehr auch deutsche Zitate (gelegentlich auch anderer europäischer Sprachen) hinzu. Frühe Beispiele deutschsprachiger Einträge noch aus dem 16. Jahrhundert sind auf den Seiten 32 und 98 (Lauingen 1590/91) und 51 (Lübeck 1595) zu finden. Doch bleibt das lateinische Zitat bis ins 18. Jahrhundert hinein beliebt. Zitiert werden ganz überwiegend klassische Autoren, voran die beiden Schulautoren Cicero und Seneca; daneben aber reicht die Palette von Bibelzitaten über die Kirchenväter und die Reformatoren bis zu Jesuiten-Schriftstellern, über die gelehrten Autoren der jeweiligen Gegenwart bis zu Dichtern und Dichterinnen des europäischen Barock.

Gelehrte des 16. und 17. Jahrhunderts trugen sich selbstverständlich lateinisch ein, wie beispielsweise jene, deren Unterschriften auf Seite 23 vereinigt sind: der niederländische Humanist Justus Lipsius (1547–1606), der lutherische Theologe Aegidius Hunnius (1550–1603) und der französische klassische Philologe Claudius Salmasius (1588–1653), der 1650 an den Hof der gebildeten Königin Christina von Schweden (vgl. Seite 79) berufen wurde.

Sind Dichter aus der Zeit der Aufklärung mit eigenhändigen Einträgen in Stammbüchern vertreten, schreiben sie oft nicht

VI Eintrag
Herzog August d. J.
von Braunschweig-
Lüneburg 1608
zur Fortuna-Seite
des Emblembuchs
von Theodor de Bry

eigene Verse ein, sondern dokumentieren ebenfalls ihre klassische Bildung. So hat Johann Christoph Gottsched 1739 ein Seneca-Zitat, Friedrich von Hagedorn 1744 eine Cicero-Stelle den abgebildeten Unterschriften beigefügt. Der Theologe August Hermann Francke, Gründer der berühmten Franckeschen Stiftungen in Halle, schrieb hingegen einen deutschen Psalmvers in das Stammbuch eines Nürnberger Patriziersohnes *»zum Zeugnis seines Wohlverhaltens«* und als Ermahnung, *»alles Arge bis in den Tod zu hassen«*. Und die zu ihrer Zeit berühmte Barockdichterin Sidonia Hedwig Zäunemann, kaiserlich gekrönte Poetin, trägt ebenso einen eigenen Vers ein wie Wittekind, der Dichter des in Studentenverbindungen beliebten Krambambuli-Liedes (Abb. X und XI). Wittekind schrieb folgende (auch gegen sich selbst als Autor gerichtete) Zeilen:

Ich bin ein Freund der güldnen Zeit,
Ein Feind papierner Ewigkeit.
Des Bücher-Schreibens wird kein Ende,
Vulkan, erlös uns vom Elende!

BILDSCHMUCK IN STAMMBÜCHERN

Die ersten Stammbücher aus dem Wittenberger Umkreis sind noch ohne Bildschmuck. Sehr bald aber erscheint das Wappen des Eintragenden: Der Brauch der Bücherwidmung durch Zitate und persönliche Namensunterschriften, eventuell erweitert durch die Zueignung in der humanistischen Briefformel, verbindet sich mit der Exlibris-Tradition.

Um 1560 wurden in das heute in London befindliche Stammbuch des Johann Klarner – eines Nürnberger Krämersohnes, der damals in Wittenberg studierte – zwei bildliche Szenen gemalt: ein Storchennest auf einem Haus mit dem Storch, der sein Junges füttert, sowie ein Student, der in seinem Zimmer musiziert, während eine Maus unter seinem Stuhl herumläuft.

Die Bilder in Stammbüchern erreichen bald sowohl thematisch wie technisch die ganze Breite des Möglichen. Die schon im 15. Jahrhundert in den Städten tätigen Brief- und Wappenmaler – benannt nach den Wappenbriefen, die sie höchst kunstvoll auszufertigen hatten, wenn einem Adeligen oder hochgestellten Bürgerlichen ein Wappen neu oder bereichert und vermehrt verliehen wurde – hatten nun auch die Ausschmückung von Stammbucheinträgen zu übernehmen. Denn die Bilder und Wappen sind in der Regel nicht vom Eintragenden selbst gemalt, sondern bei einem Berufsmaler bestellt worden; den Preis dafür zahlte der Eintragende, nicht der Stammbuchbesitzer. An den Universitäten gab es Universitätsmaler, die vor allem auch Stammbuchbilder herstellten. Oft wurden diese Bilder in Serie gemalt und als Einzelblätter erworben, um nachträglich ins Stammbuch eingefügt oder eingeklebt zu werden.

Selbstverständlich gibt es aber auch vom Eintragenden selbst gemalte Stammbuchbildchen, und später kommen dann von weiblicher Hand gestickte Bilder vor (Seite 95).

Schon im 16. Jahrhundert entwickelte sich in diesen personenbezogenen Büchlein ein eigener Themenkreis spezieller Stammbuch-Motive, die im besonderen das menschliche Schicksal betreffen. Solche Bildmotive, wie etwa der Jüngling zwischen vier Kräften und das Mädchen zwischen Kavalier und Greis (Seite 105) wurden dann am Beginn des 17. Jahrhunderts von dem Kupferstecher Jacob von der Heyden nach Vorbildern aus Stammbüchern nachgestochen und in Straßburg als Buch herausgegeben.

Ein Sonderfall sind Künstlerstammbücher. Schon aus der Frühzeit gibt es Stammbücher wandernder Malergesellen, und die darin überlieferten Zeichnungen sind öfters die einzigen erhaltenen Arbeiten sonst nur aus urkundlichen Quellen bekannter Künstler (der Name ›Gesellenstammbücher‹ ist mißverständlich, da er das Wort ›Geselle‹ auf den heute

VII Eintrag des Pfalzgrafen und späteren Kurfürsten Ottheinrich in ein lateinisch-deutsches Gebetbuch 1529

gebräuchlichen eingeengten Wortsinn festlegt, während ›Geselle‹ damals nicht nur Handwerksgeselle, sondern auch allgemein ›Freund‹ bedeutet und auch auf weibliche Personen angewendet werden konnte). Diese Stammbücher wurden von ihrem Besitzer häufig zugleich als Skizzenbuch verwendet. Aus einem solchen Stammbuch eines wandernden Malers, des später in Wasserburg am Inn ansässigen Georg Lechner, stammt das auf Seite 52 abgebildete Bildchen des Kremsmünsterer Malers David van Doelen. Die lavierte Federzeichnung einer Stegreifszene der Commedia dell'arte (Seite 59) ist dem Stammbuch des sonst nicht bekannten Malergesellen Ferdinand Simmerl entnommen. Aus der Mitte des 18. Jahrhunderts besitzt das Germanische Nationalmuseum das Stammbuch des schwedischstämmigen Augsburger Malers Johann Esaias Nilson (1721–1788), zuletzt evangelischer Direktor der Augsburger Stadtakademie. In seinem Stammbuch sammelte er nicht nur Einträge seiner Augsburger Kollegen und Freunde mit oft höchst qualitätvollen Bildern (vgl. die Seiten 41, 69, 71, 77, 92, 94, 103), sondern nahm auch ältere meist anonyme Miniaturbildchen sowie eigene Blätter darin auf wie die feine Porträtminiatur des bayerischen Kurfürsten Maximilian III. Joseph, die Nilson wohl um 1760 gezeichnet hat (Abb. XII). Mit dem auf der Einbandrückseite abgebildeten Widmungsblatt hat er sein Stammbuch eingeleitet.

STAMMBÜCHER IN DER LITERATUR

Wie nachhaltig sich die Stammbuchsitte in Deutschland ausgebreitet hat, zeigt neben der Zahl der erhaltenen Stammbücher auch ihr Niederschlag in der Literatur. Stammbuchverse und Epigramme wurden schon von Martin Opitz in die Druckausgaben seiner Werke aufgenommen, und dieser Brauch setzt sich fort bis zu den deutschen Dichtern der Klassik und Romantik.

In der zweiten Hälfte des 17. Jahrhunderts gilt dem französischen Dichter Saint-Évremond, der 1661 wegen eines Pamphlets gegen die Politik Ludwigs XIV. nach England geflohen war, das Stammbuch als Markenzeichen des reisenden Deutschen. In seiner Komödie ›Sir Politick Wouldbe‹ läßt er den Deutschen folgendes sagen:

»Das Reisen ist bei uns erblich, und nichts kann uns je davon abhalten. Sobald wir Latein gelernt haben, rüsten wir zur Reise. Zunächst beschaffen wir uns einen Wegweiser, der die Routen beschreibt, an zweiter Stelle ein kleines Buch, aus dem man ersehen kann, was für Sehenswürdigkeiten es in jedem Lande gibt. Wenn unsere Reisenden Leute von gelehrter Bildung sind, so versehen sie sich bei der Abreise mit einem gut gebundenen leeren Büchlein, welches man Album amicorum nennt, und besuchen an allen Orten, durch die sie kommen, alle Gelehrten und lassen sie ihren Namen in das Album eintragen ...«

VIII Einträge Herzog Wilhelms IV. von Bayern
und seiner Gemahlin Jakobäa von Baden in ein Gebetbuch 1534

Goethe schließlich hat die hier erzählend geschilderte Szene dramatisch gestaltet in der Schülerszene des Faust. Mephisto, der in die Rolle des Doktor Faust geschlüpft ist, schreibt dem Schüler auf dessen Bitte ein Zitat aus der Genesis ins Stammbuch: ›*Eritis sicut Deus scientes bonum et malum – Ihr werdet sein wie Gott und wissen, was gut und böse ist.*‹

Wie allgemein üblich der Stammbuchbrauch noch zu Beginn des 19. Jahrhunderts war, belegen auch Briefzitate. So schreibt Justinus Kerner an Neujahr 1810 aus Wien an Ludwig Uhland: *»Von Varnhagen wirst Du nächstens einen Brief erhalten. Derselbe schrieb der Gräfin Fuchs Dein Turney ›Meine Fürstin war die Rose‹ usw. in das Stammbuch, das unter einem hohen Adel allhier großen Beifall fand.«*

ZU DEN NAMEN ›STAMMBUCH‹ – ›ALBUM AMICORUM‹

In neuerer Zeit ist unter den Fachleuten eine Diskussion über den Ursprung der Bezeichnung ›Stammbuch‹ entstanden, und manche halten es für besser, den lateinischen Namen ›Album amicorum‹ zu gebrauchen. Deshalb sei zu beiden Bezeichnungen hier einiges angemerkt.

›Album‹ war in der Antike eine öffentliche Liste, ein Verzeichnis etwa der Senatoren oder Richter, das auf einer mit Gips geweißten Tafel aufgeschrieben war. Die ganz allgemeine Bedeutung ›Verzeichnis‹ oder ›Register‹ ist im 16. Jahrhundert von den deutschen Humanisten in ihren Sprachgebrauch übernommen worden. Das in Straßburg 1559 erschienene ›Dictionarium latino-germanicum‹ des Petrus Dasypodius bringt unter dem Stichwort ›Albus, a, um‹ folgende Beispielsätze: *»Referam te in album meorum amicorum = Ich will dich in das register, darinn meine freund stehen, zeichnen; Albo senatorio eradere = Austhun aus dem Register der Ratsherrn.«* Album ist demzufolge auch die Matrikel einer Universität.

Unter Humanisten gehörte die Bitte um Aufnahme in das ›Album amicorum‹ zu den Briefloskeln. Dabei ist keineswegs ein reales Stammbuch gemeint, sondern ein Namensregister bzw. im übertragenen Sinne einfach die ›Schar der Freunde‹. So schrieb Luther 1521 an Johannes Cuspinian: *»Suscipe ergo et me in tuorum album« (Nimm auch mich in die Zahl deiner Freunde auf)*, so wie Cuspinian schon 1515 an Willibald Pirckheimer geschrieben hatte: *»Ago tibi … immensas gratias: quod dignatus es mihi … in album amicorum tuorum acceptare« (Ich sage dir großen Dank, daß du mich gewürdigt hast, in die Zahl deiner Freunde aufgenommen zu werden).*

Die Übertragung des Namens ›Album amicorum‹ auf das konkrete Stammbuch nach Ausbildung dieser Sitte ist in Gelehrtenkreisen naheliegend. Diese Namensform ist die in den romanischen Sprachen und in England übliche Bezeichnung.

›Stammbuch‹ wird zunächst als Name für Familienbücher, Stammfolgen verwendet, wie sie als Folge des neuerwachten

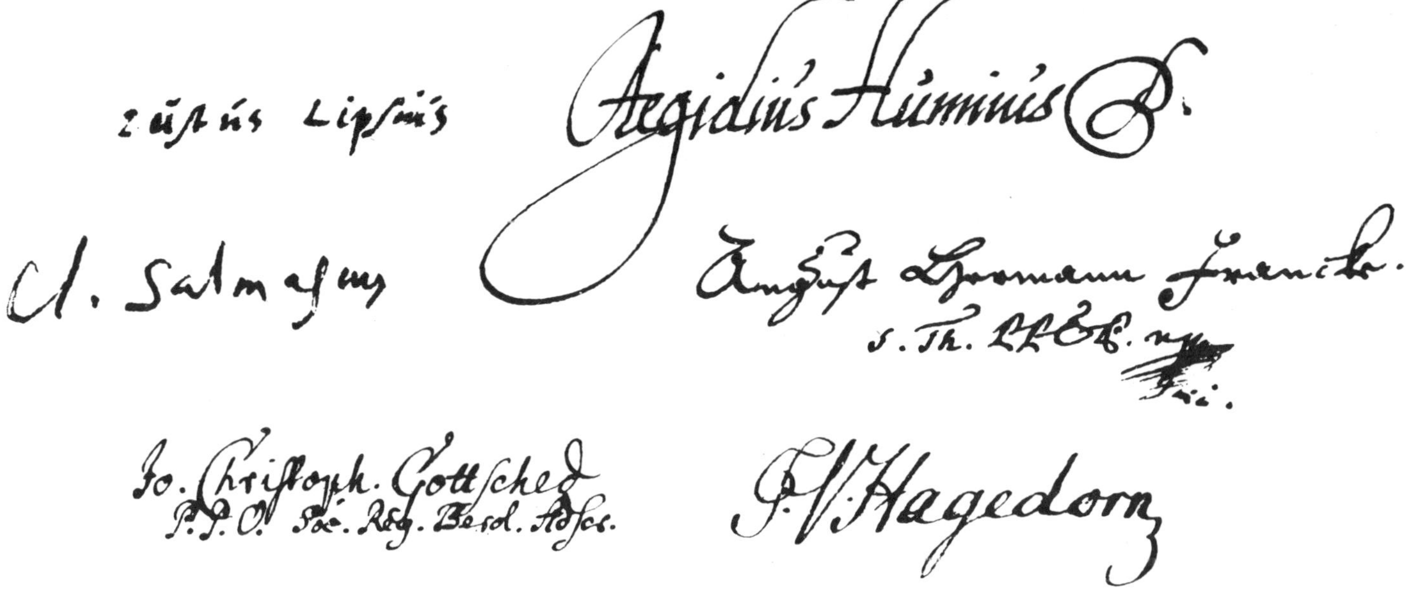

IX Unterschriften zu Stammbucheinträgen
von Justus Lipsius 1574, Aegidius Hunnius 1599,
Claudius Salmasius 1647, August Hermann Francke 1706,
Johann Christoph Gottsched 1739 und
Friedrich von Hagedorn 1744

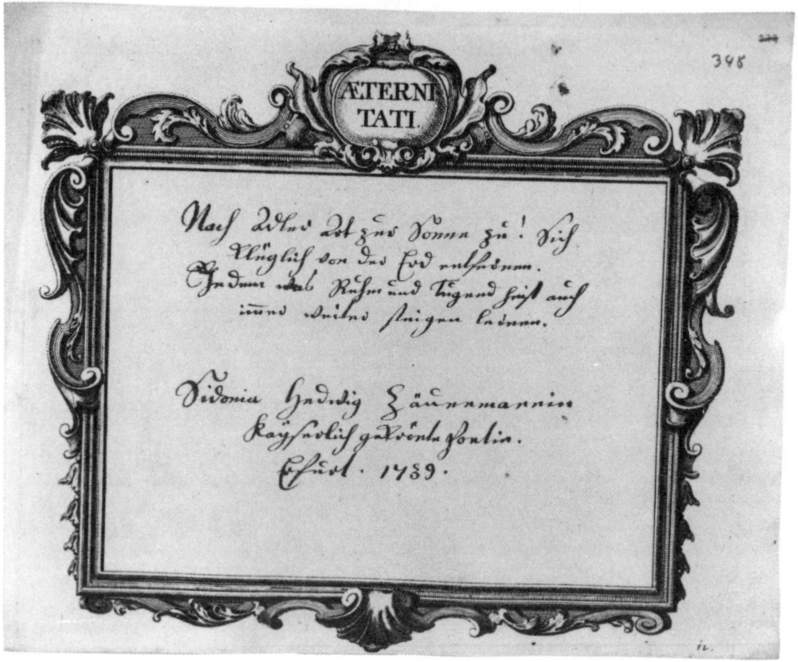

x Eintrag der kaiserlich gekrönten Poetin
Sidonia Hedwig Zäunemann 1739 auf ein Blatt der Autographensammlung
des Johann Georg Friedrich von Hagen

Interesses an der Vergangenheit des eigenen Geschlechts in humanistischer Zeit entstehen. Sie stellen in Schrift, Wappen und Bild die Stammfolge eines Geschlechts dar, oft zurückgeführt bis zu einem mythischen Spitzenahn. Aus Antike und Mittelalter kennen wir solche Aufstellungen für Herrschergeschlechter; nun entsteht mit Beginn der Neuzeit das Bedürfnis, die eigene Vergangenheit zu enträtseln, ebenso im niederen Adel und bald auch im Patriziat der Reichsstädte und im Bürgertum. In Nürnberg heißen solche Familienbücher etwa ›Der Fürer erbarn Geschlecht, Stammen Freundschaft und altem Herkommen‹ oder ›Der Heldten geschlecht, stammen und gedechtnuß‹.

Als 1559 der Nürnberger Krämerssohn Johann Klarner (er wurde 1572 Genannter des Größeren Rats seiner Heimatstadt und starb 1608) vor seiner Abreise zum Studium nach Wittenberg sein erstes Stammbuch (in unserem Sinn) anlegte, schrieb er auf die Titelseite: ›Stamenn Büchleinn gehortt Johannes Klarnner dem Jüngern vonn Nürmberg 1559‹. Es ist dies der erste Nachweis für die uns geläufige Namensform in diesem Zusammenhang.

Neuerdings ist versucht worden, den Namen ›Stammbuch‹ als ›Stamen-Büchlein‹ von lateinisch ›stamen‹ = ›Schicksalsfaden, Lebensfaden‹ abzuleiten. Dem widerspricht nicht nur die Tatsache, daß die gedruckten lateinisch-deutschen Glossare der frühen Neuzeit nur die konkrete Bedeutung »Stamen est filum tele = eyn warffe oder garne«, also ›Wollfaden, Kettfaden‹ bringen, sondern allein schon die unhaltbare Deutung als lateinisch-deutsche Mischform. Zwar gibt es im 16. Jahrhundert eine reiche Überlieferung lateinisch-deutscher Mischtexte (am bekanntesten vielleicht das bereits im 14. Jahrhundert entstandene Weihnachtslied ›In dulci jubilo, nun singet und seid froh‹), aber kein Beispiel einer Wortzusammensetzung aus einem lateinischen und einem deutschen Element. Davon abgesehen wäre auch der Kasus falsch, allenfalls könnte es ›Libellum staminis‹ heißen (die lateinische Namensform lautet eben nicht ›Amicialbum‹, sondern ›Album amicorum‹).

Den Namen ›Stammbuch‹ übernahmen die skandinavischen Sprachen. Das handschriftlich überlieferte ›Dictionarium quadrilingue‹ des Ericus Johannis Schroderus aus Uppsala, als erstes vollständiges schwedisches Wörterbuch um 1630 entstanden, bringt das Stichwort ›Stammbok‹ als deutsch ›Stammbuch‹, lateinisch ›Album‹, griechisch ›Πάνιον‹.

Stammbuch als Bezeichnung für die kleinformatigen Gedenkbüchlein ist sicher nicht aus Versehen oder auf Grund äußerer Merkmale wie der Wappenbilder von den ursprünglichen Familienstammbüchern übernommen worden. Die Menschen des 16. Jahrhunderts sahen vielmehr offenbar einen direkten Zusammenhang zwischen diesen unterschiedlichen

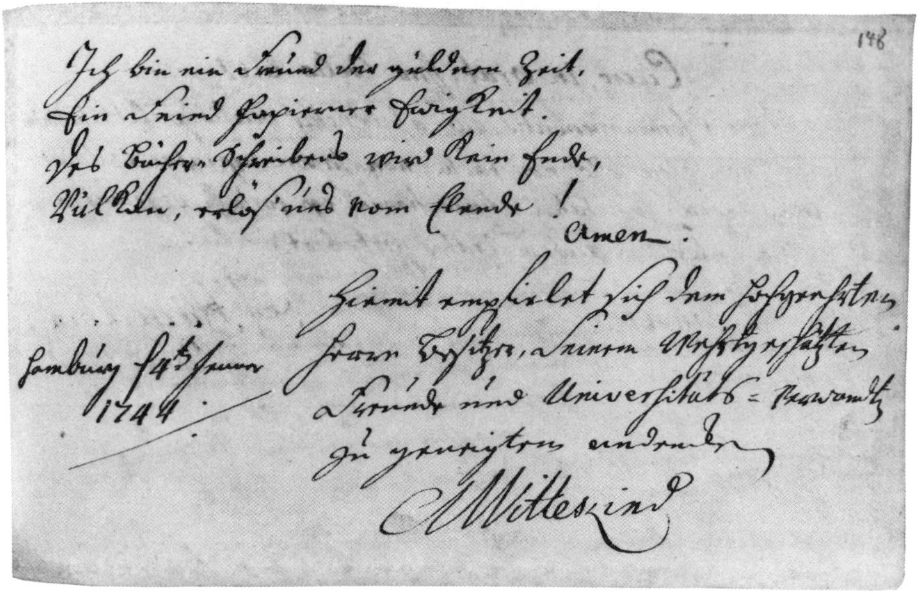

Amen:

Hamburg d. 4. Jenner 1744.

Hiermit empfielet sich dem Hochgeehrten Herrn Besitzer, seinem Wertgeschätzten Freunde und Universitäts=Verwandten zu geneigtem Andencken

Wittekind

XI Eintrag des Christoph Friedrich Wittekind 1744 in das Stammbuch des späteren Nürnberger Advokaten Christoph Jacob Pfund

Arten von Stammbüchern. Dazu gehört auch der alte Sinn des Wortes ›Freundschaft‹, das bis ins 18. Jahrhundert allgemein und mundartlich bis in die Gegenwart zunächst ›Blutsverwandtschaft‹ bedeutet. Etliche Stammbücher der Frühzeit bringen Stammfolgen des Besitzers oder seitenweise Familiennachrichten. Ein später in Nürnberg ansässiger Oberpfälzer, der Eigentümer des Stammbuchs mit den Schmuckbordüren (Abb. IV und V) leitete dieses so ein:

Es ist gewiß Löblich unnd Fein
Daß man gedenck offt manches sein
Ehrlich geschlecht herkom und stam
Auch derer so Gott hie hinnam
Durch den zeitlichen Todt zue sich ...

(GNM Hs 117 656, 2r)

Und im 18. Jahrhundert schrieb Christian Fürchtegott Gellert: »*Ich weiß mir kein edler Vergnügen zu machen, als wenn ich meine Freunde in Gedanken sammle und mich mit diesen rechtschaffnen Männern so betrachte, als ob wir eine eigne Familie in der Welt ausmachen*«.

ZU GUTEM GEDENKEN

Die größte Übereinstimmung zwischen den frühneuzeitlichen Familienbüchern und unseren Stammbüchern ist bisher übersehen worden: daß sie nämlich aus derselben Intention heraus entstanden sind. Das Hauptanliegen der Geschlechterbücher ist in dieser Zeit nicht genealogische Forschung, sondern das Gedächtnis bei der Nachwelt. Und ›Zu guter Gedechtnus‹ – ›Memoriae causa‹ – schrieb man sich auch in die Stammbücher ein.

Die Vorrede zum Geschlechterbuch der Nürnberger Familie Köler begründet dessen Anfertigung um 1540 folgendermaßen: »*dadurch wir nichtt allein hie vor der menschen gedechtnus wirdig eingeschreiben erfunden, sonndern auch vor Gott in das buch des lebens*« (GNM Hs 2910, 2v). Das biblische Buch des Lebens, in das jene eingetragen werden, die in Zukunft das himmlische Jerusalem werden bewohnen dürfen (Apok. 20, 12–15), fand im christlichen Mittelalter sein irdisches Abbild in den klösterlichen Verbrüderungsbüchern, in denen Verstorbene wie Lebende als Grundlage liturgisch begangenen Gebetsgedenkens der Mönche verzeichnet waren. Diese Bücher hießen lateinisch selbst ›Liber vitae – Buch des Lebens‹, aber auch ›Album‹, und der im Spätmittelalter entstandene und in der Inkunabelzeit mehr als sechzigmal gedruckte ›Vocabularius Ex quo‹ definiert: »*Albo est liber in quo nomina sanctorum scribuntur*« (*Album ist ein Buch, in das die Namen der Heiligen geschrieben werden*).

Das Bild vom ›Buch des Lebens‹ gebraucht auch der im Alter zum Katholizismus zurückgekehrte fürstliche Dichter Herzog Anton Ulrich von Braunschweig-Wolfenbüttel, ein Sohn Herzog Augusts d. J. (vgl. Abb. VI), in seinem späten Gedicht ›Abschied‹, dessen vorletzter Vers lautet:

So nimm nun, Herr, hin meine Seel,
Die ich befehl in deine Händ und Pflege.
Schreib sie ein in dein Lebensbuch.
Es ist genug! Daß ich mich schlafen lege.

Als im Jahre 1600 der Nürnberger Handelsmann Paulus Spengler sein neues Stammbuch mit einem selbstverfaßten Widmungsgedicht einleitet, setzt er darin den Namen Stammbuch mit dem Buch des Lebens gleich. Er spricht vom *»Stammbuch der Christenschar«*, in das man eingeschrieben sein muß, um die ewige Seligkeit zu erlangen:

Dartzu Gott geben wöll sein gnadt
das keiner dem anndern hie schadt
sonndern erlanng nach diser zeit
die ewig freudt und Seligkeit
da dann die glaubigen zumahl
eingschriben sein im Höchsten Sall
inn dem Stammbuch der Christen Schar
wer das begert sprech immerdar
Amen damit sein nam werdt drein
allß ein miterb auch gschriben ein.

(GNM Hs 128 976, 3[v])

Und ein Vierteljahrhundert später schrieb Martin Opitz in das Stammbuch eines Breslauer Buchhändlers ein eigenes Gedicht, dessen vier letzte Zeilen lauten:

Rechtschaffen meinen heißt recht fördern und recht lieben,
Wie Gott uns selber liebt, der auch ein Stammbuch hält,
In welches der, so ihn vor allem auf der Welt
Von ganzer Seele ehrt, steht obenan geschrieben.

Diese Beispiele zeigen, wie geläufig das Bild vom Buch des Lebens auch in der frühen Neuzeit war und belegen zugleich den Zusammenhang, den die damals lebenden Menschen zwischen den Familienbüchern, unseren Stammbüchern und dem himmlischen Lebensbuch empfanden. Noch heute nennen wir eine schriftliche Namensfixierung zum Zwecke des Gedenkens ›sich verewigen‹.

So gewiß Stammbucheinträge oft aus ganz äußerlichen Gründen gesammelt worden sind, so gewiß weisen andererseits die angeführten Zeugnisse auf eine tiefere Dimension. Sie zeigen, daß die Stammbücher nicht allein aus einer augenblicklichen Mode entstanden, sondern ordnen sie ein in die Tradition des christlichen Gedenkens, das einem allgemein-menschlichen Bedürfnis nach Fortdauer, nach ›Ewigkeit‹ entsprang.

Nichts vom Vergänglichen,
Wie's auch geschah!
Uns zu verewigen,
Sind wir ja da. (Goethe, Zahme Xenien I)

XII Johann Esaias Nilson:
Kurfürst Maximilian III. Joseph
von Bayern,
Porträtminiatur um 1760

I

Herkunft

Bewußtwerdung des eigenen Ich ist neben der Bewußtwerdung des Raumes das Hauptkennzeichen des Wandels, der sich am europäischen Menschen zu Beginn von Renaissance und Humanismus vollzogen hat. Mit der neugewonnenen Ichstärke wächst zugleich das Interesse an der Vergangenheit des eigenen Geschlechts. Wappen, die im Mittelalter ursprünglich als Unterscheidungsmerkmale auf den Schilden der in ihren Rüstungen verborgenen Kämpfer entstanden waren, sind längst zu vererbbaren Kennzeichen einer Familie mit rechtsverbindlicher Geltung geworden. Den Brauch, ein Wappen zu führen, haben die Patrizier in den Städten und auch bürgerliche Familien vom Adel übernommen.

Wappen waren auch als Eigentumskennzeichnung gültig. Bei Kunstgegenständen weisen Wappen auf den Auftraggeber oder früheren Besitzer hin, Wappen zur Kennzeichnung von Buchbesitz führten zur Entwicklung der Exlibris. Auch Stammbücher können auf der Titelseite durch das Wappen des Besitzers ausgewiesen sein [59].

Auf den folgenden Seiten sind einige besonders reizvolle Wappenseiten wiedergegeben, fast alle noch dem 16. Jahrhundert angehörig und bürgerlicher Herkunft. Von ihnen ist das Melusine-Wappen des Joseph Feuchter [6] das älteste hier abgebildete Stammbuchbild. Als Beispiele fürstlicher Wappen seien jene des Herzogs August von Braunschweig-Lüneburg (Seite 17, Abb. VI) sowie des kaiserlichen Feldherrn Octavio Piccolomini als Herzog von Amalfi aus dem Jahr des Nürnberger Friedensexekutionsrezesses nach dem Dreißigjährigen Krieg [52] hier angeführt.

1 Doppelseite aus dem Stammbuch des Onophrius Berbinger mit Wappen und Wappen-Beifiguren. München 1578

2

3

2 Wappen des David Herwort aus Augsburg. 1590

3 Stammbuchwidmungsblatt des Nürnberger Patriziers Wolfgang Harsdorfer als Ritter mit Helmzier und Wappenschild. Nürnberg 1579

4

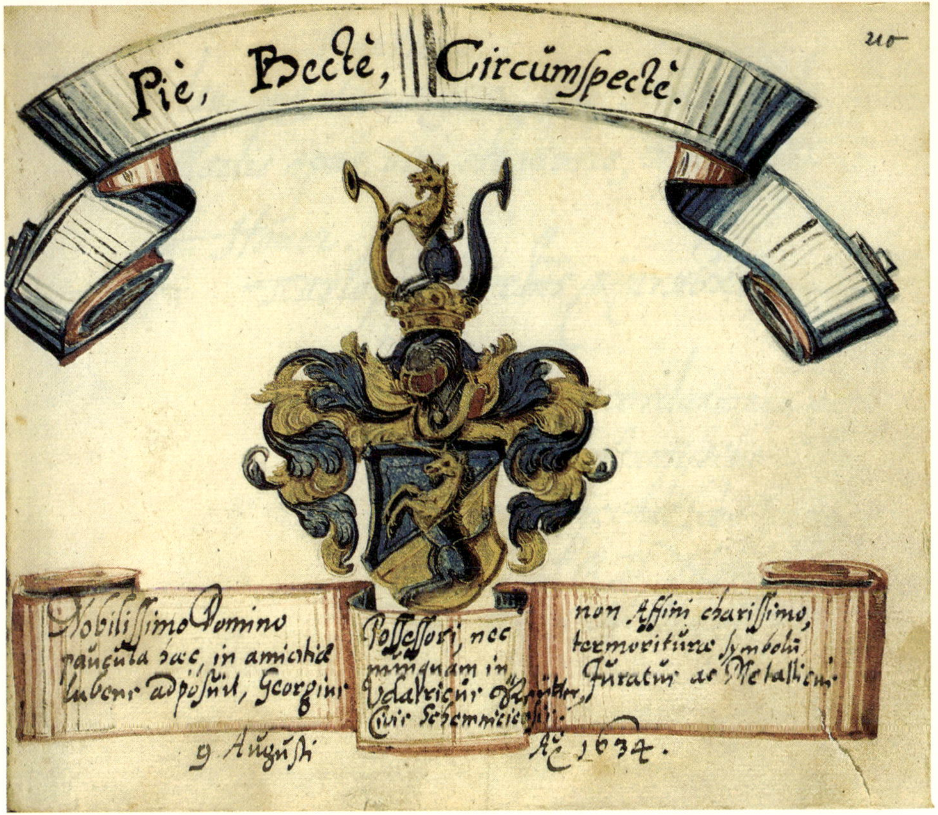

4 Eintrag und Wappen des Georg Ulrich Reutter. Schemnitz 1634

5

5 Wappenblatt
des Hans Fasolt
mit Manu-propria-
Beglaubigung.
1590

6 Melusine-Wappen des
Joseph Feuchter mit dem
Gesandten von Besançon auf
dem Speyerer Reichstag 1570
als Beifigur.
Aus einem mit leeren
Blättern durchschossenen
Exemplar der Emblemata
des Andrea Alciato.

PRINCEPS.

PRINCEPS.
Princeps subditorum incolumitatem procurans.

Titanij quoties conturbant æquora fratres,
Tum miseros nautas anchora iacta iuuat.
Hanc pius erga homines Delphin cōplectitur: imis
Tutius ut poßit figier illa uadis.
Quàm decet hæc memores gestare insignia Reges?
Anchora quod nautis, se populo esse suo?

Spes mea adhuc in pixide.
S. M. P.
15 70.

Legatus Ciuitatis
Brunswicensis
D. Simon Daniels.
HOLA DOMINE
HOLA.

Nobili et Egregio adolescenti Joanni Vdalrico
Starckio Patricio Norico, Amico suo singulari
memoriæ ergo. hæc scribebat Josephus
Feuchter. L. nunc Reipub. Spirensis Archi

II

Mitmenschen

Menschen aus dem eigenen Lebensumkreis wie jene, denen ein Stammbuchbesitzer etwa beim Studium in Italien in fremdartiger Umgebung begegnete, finden sich in den Stammbüchern porträtiert, charakterisiert oder auch karikiert.

So sind in dem Stammbuch des späteren Lauinger Bürgermeisters Anton Weihenmayer eine Reihe Mitbürger in qualitätvollen Porträtminiaturen dargestellt. Sie werden David Brentel zugeschrieben, einem Mitglied der aus Lauingen stammenden, später in Straßburg tätigen Malerfamilie Brentel. Das würdige Porträt des damaligen Rektors der Lauinger Fürstenschule Nicolaus Reusner, später Rechtsprofessor in Straßburg und Jena und ein bekannter Autor, leitet die Reihe ein [7]. Besonders originell ist die Darstellung der namentlich nicht genannten siebenundzwanzigjährigen Bürgerin, welcher ein Teufelchen mit einem Blasebalg etwas ›einbläst‹ [8]. Von David Brentel stammt auch das hübsche Bildchen mit reigentanzenden Kindern vor einem Ort mit Wasserschloß, mit dem er seinen eigenen Eintrag in Weihenmayers Stammbuch ausschmückte [10].

Die köstliche Zeichnung eines Bettelstudenten mit der halb lateinischen, halb deutschen Beischrift *»Nunquam pargelt, semper zrißen hosßen«* (*Nie Bargeld, immer zerrissene Hosen*) entstand 1625 in Amberg [9], und in Italien ließen dort studierende Deutsche die übrigen zwei Bildchen gleichfalls aus Deutschland stammender Mitstudenten ins Stammbuch malen: das Landmädchen, das Hühner und Eier zu Markte trägt [11], sowie die kulturhistorisch interessante Darstellung einer Italienerin, die sich in der Sonne ihr Haar bleicht [12].

7

8

7 *David Brentel* (?):
Bildnis des Gelehrten
Nicolaus Reusner.
Lauingen 1582

8 *David Brentel* (?):
Bildnis einer ungenannten
Siebenundzwanzigjährigen
aus Lauingen, der
von einem Teufelchen
etwas »eingeblasen« wird.
1586

9

9 Bettelstudent mit
lateinisch-deutscher
Beischrift:
»Nunquam pargelt semper zrißen hoßen«
(Nie Bargeld, immer zerrissene Hosen).
Nach Johannes von Heyden.
Amberg 1625

10 *David Brentel:*
Reigen tanzende Kinder
vor einem Ort mit
Wasserschloß.
Illustration zu Brentels
eigenem Stammbucheintrag.
Lauingen 1588

10

11

12

11 Italienisches Landmädchen
trägt Eier und Hühner
zu Markte.
Bologna 1579

12 Italienerin bleicht ihr Haar
in der Sonne.
Padua 1576

13

13 *Rosina Barbara Nilson:*
Junge Frau in Augsburger Tracht.
1720

III

Studentenleben

Die Stammbücher verdanken in ihrer charakteristischen Ausprägung ihr Entstehen einem studentischen Brauch, und die deutschen sowie von jungen Deutschen besuchten europäischen Universitäten sind Kristallisationspunkte ihrer Entwicklung gewesen. Insofern ist jedes mit einer Universität in Zusammenhang stehende Stammbuch eine Primärquelle für das studentische Leben vergangener Jahrhunderte. Im Bilde dargestellt finden sich typische Studentenszenen in den Stammbüchern des Germanischen Nationalmuseums vor allem in der ersten Hälfte des 18. Jahrhunderts.

Von der Universität Tübingen, 1477 als fürstliche Stiftung gegründet, ist der Trinkspruch einer Studentenversammlung auf den Landesherrn hier abgebildet [14]. Alle übrigen Blätter stammen aus Altdorf, das nicht wie Tübingen eine fürstliche Gründung war, sondern aus einer Hohen Schule der Freien Reichsstadt Nürnberg hervorgegangen ist. Dort waren im 18. Jahrhundert Mitglieder der Nürnberger Malerfamilie Kleemann als Universitätsmaler tätig, und die Anfertigung von Stammbuchblättern ist für sie bezeugt.

Signiert sind von Nicolaus Moritz Kleemann die Miniatur einer Duellszene [17] sowie die Darstellung einer Altdorfer Theateraufführung [27]; vermutlich hat er auch das Bildchen mit der Hundedressur gemalt [15].

Einen von vielen studentischen Streichen zeigt das Bildchen, auf dem eine Anzahl modisch gekleideter Studenten bei Nacht auf einem Bauernhof Gänsen den Hals umdrehen – vielleicht, weil diese durch ihr Geschrei ein anderes Vorhaben zu verhindern drohten [18].

14 Trinkspruch auf Herzog Carl Alexander von Württemberg. Tübingen 1735

15 *Nicolaus Moritz Kleemann* (?):
Altdorfer Studentenszene: Hundedressur. 1730

16 Altdorfer Studentenbude. 1742

17

17 *Nicolaus Moritz Kleemann:* Duellszene. Altdorf 1730

18 Nächtlicher Bauernhof mit Gänse tötenden Studenten. Altdorf 1743

18

IV

Liebe und Freundschaft

Das zeitlose Thema von Liebe und Freundschaft findet in den Stammbüchern eine ebenso vielfältige wie reizvolle Spiegelung. Naturgemäß zeigt sich bei dieser Thematik öfter ein Hang zur Frivolität – schon im Jahre 1615 spricht Lucas Braun, der Verfasser einer ›Praxis Perspectiva, Das ist: Von Verzeichnungen ein außführlicher Bericht‹ von den jungen *»Studiosi, welche offtermals allerhand liederliche ja wol unschambare Gemälde in die Stammbücher einander mahlen lassen«*. Dazu würde er wohl die Wappen-Beifigur der nackten Frau auf dem Igel [1] zählen, vielleicht auch den Mädchenblüten pflückenden Kavalier [23]; aus Blumen wachsende Mädchen kommen bereits in einer mittelhochdeutschen Dichtung des 12. Jahrhunderts, dem sogenannten ›Straßburger Alexander‹, vor, in der Alexander und seine Mannen die Blumenmädchen ›*ze wiben – zum Weibe*‹ nehmen.

Viele dieser Darstellungen sind auch kulturhistorisch interessant, wie die beiden aus Italien stammenden Miniaturen. Das in Rom gemalte Bild mit dem Liebespaar in der Pferdesänfte [20] ließ ein Student aus Bamberg anfertigen, ebenfalls ein Bamberger ließ in Bologna die beiden Träger mit der Sänfte malen, hinter deren Vorhang ein Mädchen lächelnd hervorschaut – die beziehungsreiche Beischrift verrät: ›*Andiamo in paradiso*‹ – *Wir gehen ins Paradies* [21].

Die rasche Federskizze eines Liebespaares an einem Wegrand hat der in Kremsegg bei Kremsmünster tätige Maler David van Doelen in das Stammbuch eines Wasserburger Kollegen gezeichnet [24]. Amor selbst ist in einer nicht alltäglichen Darstellung mit drei Tierköpfen zu finden, ein andermal als Putto, der einen bellenden Hund schilt.

19 Liebespaar und Pferd in Landschaft. Altdorf 1608

20

21

20 Liebespaar in der Pferdesänfte. Rom 1579

21 Mädchen in Sänfte. Bologna 1574

22

23

22 Amor mit
drei Tierköpfen
zielt auf Kavalier.
Bologna 1574

23 Junger Kavalier
pflückt Mädchenblüten.
Lübeck 1595

24 *David van Doelen:*
Paar in Landschaft.
1619

25 Amor, von Hund verbellt. Breslau 1724

V

Geselliges Leben

Dieser vielfältige Bereich wird in Stammbuchbildern in den verschiedensten Themen gespiegelt. Im folgenden sind Darstellungen zu Musik, Tanz, Theater, Jagd, Turnier und Karneval zu finden.

Noch dem 16. Jahrhundert gehören die in Lauingen (von David Brentel?) gemalten Jagdszenen an. Dargestellt sind Türken mit Pfeil und Bogen auf Affenjagd [31], wobei die Affen in den verschiedensten Situationen geschildert sind, und in einer goldgehöhten Miniatur drei Hunde, die Katzen verbellen [32].

Aus derselben Zeit stammen zwei Bologneser Stammbuchbilder mit typischen Figuren der Commedia dell'arte [36] – des im 16. Jahrhundert entstandenen, von Berufsschauspielern ausgeführten italienischen Stegreiftheaters – und mit einer venezianischen Karnevalsszene [37].

In die Tradition des Turnierwesens gehört die 1613 in Padua einem deutschen Rechtsstudenten ins Stammbuch gemalte Szene mit der Voltigierübung an einem Pferdemodell [34] – einem Gerät, dessen Fortentwicklung noch heute in den Turnhallen zu finden ist. Eine weitere Darstellung zur Thematik der Commedia dell'arte [30] und das in Altdorf gemalte, originell geschilderte Konzert im Freien [26] entstanden gegen Mitte des 17. Jahrhunderts.

Besonders anziehend sind die beiden Darstellungen zum Tanzunterricht: von 1726 die Sarabande des Wolfenbütteler Hoftanzmeisters Grünenberg [29], von 1743 die Tanzstunde des Altdorfer Tanzmeisters Christoph Lauwetter [28], dessen Einträge sich mehrfach in Stammbüchern Altdorfer Studenten finden.

26 Konzert im Freien. Altdorf 1644

27

27 *Nicolaus Moritz Kleemann:* Theateraufführung. Altdorf 1731

28 Tanzunterricht in Altdorf. Zum Eintrag des Altdorfer Tanzmeisters Christoph Lauwetter. Altdorf 1743

28

29

30

29 Sarabande. Federzeichnung zum Eintrag des herzoglich wolfenbüttelschen Hoftanzmeisters Grünenberg. 1726

30 Schauspieler der Commedia dell'arte bei einer Stegreifszene. Krems 1643

31 Türken auf Affenjagd.
Lauingen um 1585

32 Hunde verbellen Katzen.
1579

33 Diana im modischen Gewand
schießt sich paarende Hirsche.
Beischrift: »O sanffter Tod.«
Altdorf 1743

31

32

33

) 61 (

34 Voltigierübung am Modellpferd. Padua 1613

35 Ritter mit Wappenschild
Haller von Hallerstein
beim Ringreiten.
Nürnberg oder Altdorf 1594

36

36 Figuren der Commedia dell'arte. In der Mitte der ›Dottore‹ (Jurist aus der Universitätsstadt Bologna). Bologna 1575

37 Venezianische Karnevalsszene mit Commedia dell'arte. Bologna 1574

37

VI

Religiöse Themen

In den Stammbüchern ist der religiöse Bereich ikonographisch verhältnismäßig gering vertreten. Die folgenden drei Blätter mit Motiven aus dem Alten Testament sind auch im Hinblick auf die verschiedenen Techniken interessant: das in der Tradition der Nürnberger Schreibmeister gehaltene Blatt mit David [38], der außergewöhnlich feine Scherenschnitt, der Jakobs Kampf mit dem Engel in einer Waldlandschaft mit Reiterzug und Kamel darstellt [39] und die lavierte Federzeichnung des Augsburger Malers Johann Wolfgang Baumgartner mit dem seine Schafherde vor dem Bären rettenden David [40]. Das beliebte Thema des Christenverfolgers Saulus, der vor Damaskus zum Paulus wird, ist in zwei fast gleichzeitigen, aber ganz unterschiedlichen Ausführungen abgebildet [41, 43]. Zwei Bilder gehören in den Bereich der religiösen Allegorie: Der Jüngling, der von einem Geistlichen auf Christus verwiesen wird [44] aus dem Stammbuch eines österreichischen Exulantensohnes sowie die Frau mit der Rosenkreuzrose [45]. Die beiden letzten Abbildungen in diesem Kapitel dokumentieren die religiöse Satire. Die drastische Darstellung der Gegenreformation aus protestantischer Sicht mit dem Teufel auf dem Nachtstuhl, der junge Männer verschlingt, welche anschließend von der ganzen katholischen Geistlichkeit in Empfang genommen werden, entstand zehn Jahre vor Beginn des Dreißigjährigen Krieges in Stettin [46]. Der Mönch, der ein in einer Strohgarbe verborgenes Mädchen als ›frischen Proviant für den Konvent‹ zum Kloster trägt [47], war ein im 18. Jahrhundert beliebtes Motiv und wurde in deutschen Porzellanmanufakturen auch als Riechfläschchen hergestellt.

38 David mit Kopf des Goliath.
Zierblatt des Goldschmieds Andreas Huhl. Nürnberg 1663

39

39 Jakobs Kampf mit dem Engel.
Kunstvoller Scherenschnitt
von *C. M. Kellner.*
1746

40 *Johann Wolfgang Baumgartner:*
Der gute Hirte:
David rechtfertigt seinen Mut
vor Saul
(I. Sam. 17,34 f.).
Augsburg, um 1747

40

41 Paulus
vor Damaskus.
Straßburg
1633

42

43

42 *Johann Jacob Ridinger:*
Prophetenkopf.
Augsburg 1761

43 *Georg Christian Jamnitzer:*
Paulus vor Damaskus.
Nürnberg 1624.

44

44 Pfarrer weist jungen Mann auf Christus hin. Um 1650

45 Frau trägt Rosenkranzrose im Gehäuse. Nürnberg 1633

45

Die schwere Last deß Creutzes müßen,
Alle zu tragen sein geflissenn,
welche der waren Christlichen Gemein.
deß glietmaß zu ge eignet sein.

46

46 Satirische Darstellung zur Gegenreformation: Teufel auf dem Nachtstuhl verschlingt junge Männer. Stettin 1609

47 Mönch trägt Strohgarbe mit Mädchen zum Kloster. Beischrift: »Frisch Proviant vors Convent«. Altdorf 1743

47

frisch Proviant vors Convent.
Clericus in cella videt veniente puella.

VII

Berühmte Zeitgenossen

Einträge berühmter Lehrer zu sammeln, war einer der Ausgangspunkte der Stammbuchsitte, und nicht nur Philipp Melanchthon mag sich durch die Bitten seiner Schüler überfordert gefühlt haben (siehe Seite 9). Goethe hat in Faust I die bekannteste Stammbuchszene der Weltliteratur gestaltet: der Schüler, der den vermeintlichen Professor Faust um seinen Eintrag bittet.

Zu dieser Kategorie der von Berühmtheiten erbetenen Einträge gehören die in der Einleitung abgebildeten Autographen (Seite 23, Abb. IX) ebenso wie die folgenden Blätter von Nicodemus Frischlin [56], Tycho Brahe [49], Octavio Piccolomini [52] und Georg Philipp Telemann [54]. Andere für uns wichtige Zeugnisse entstanden durch gemeinsame Lebenssituationen des Stammbuchbesitzers und des Eintragenden, wie Wallensteins Eintrag aus seiner Altdorfer Studentenzeit [50] oder Hans Leo Hasslers vierstimmige Fugen im Stammbuch eines Nürnberger Pfarrers [55].

Das Münzporträt der Königin Christina [51] hat nach einem Stück seiner umfangreichen Sammlungen der Brandenburg-Kulmbachische Hofrat Johann Georg Friedrich von Hagen gezeichnet, der höchstwahrscheinlich auch die große Autographensammlung auf Einzelblättern mit der in diesem Buch verwendeten Kupferstichbordüre zusammengebracht hat (vgl. Seite 24, Abb. X). Der Augsburger Maler Johann Esaias Nilson hat sein eigenes Stammbuch mit einer allegorischen Stammbuchwidmung eingeleitet, auf dem en miniature Arbeiten im charakteristischen Stil seiner Augsburger Malerkollegen dargestellt sind [48].

AUGUSTA VINDELICORU
MDCC
XLIV
Ein treüer Freund
ist ein sicherer Schüz und
Nilson inv. pinx

Seite 77:
48 *Johann Esaias Nilson:* Stammbuch-Widmungsblatt. Augsburg 1744

49 Eintrag des dänischen Astronomen Tycho Brahe auf einer Studienreise durch Deutschland. Wittenberg 1570

50 Eintrag Wallensteins als Altdorfer Student in das Stammbuch eines Nürnberger Patriziersohnes. 1599/1600

49

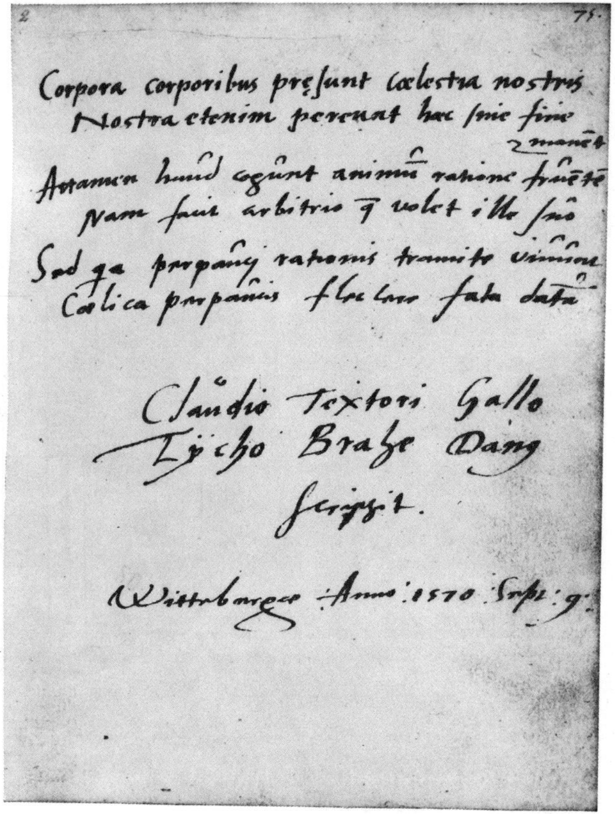

Corpora corporibus præsunt cœlestia nostris
Nostra etenim pereunt hæc sine fine manent

Claudio Textori Gallo
Tycho Brahe Danus
scripsit.

Wittenbergæ Anno 1570 Sept. 9.

50

Fide sed cui vide.

Albertus B.
à Waldstein.

J. G. F. ab Hagen. fecit

52

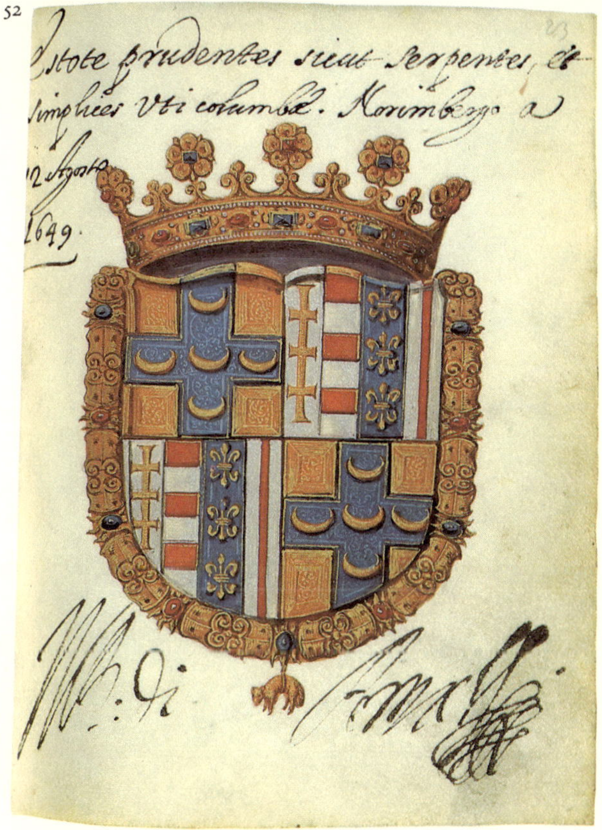

51 Münzporträt
der Königin Christina von Schweden.
Nürnberg 1739

52 Wappen und Eintrag
des Feldherrn Octavio Piccolomini
als Herzog von Amalfi.
Nürnberg 1649

53 Eintrag des Freiberger Kantors Christoph Demantius mit Komposition und Exlibris-Stempel. Freiberg 1626

54 Eintrag des 63jährigen Georg Philipp Telemann. Hamburg 1744

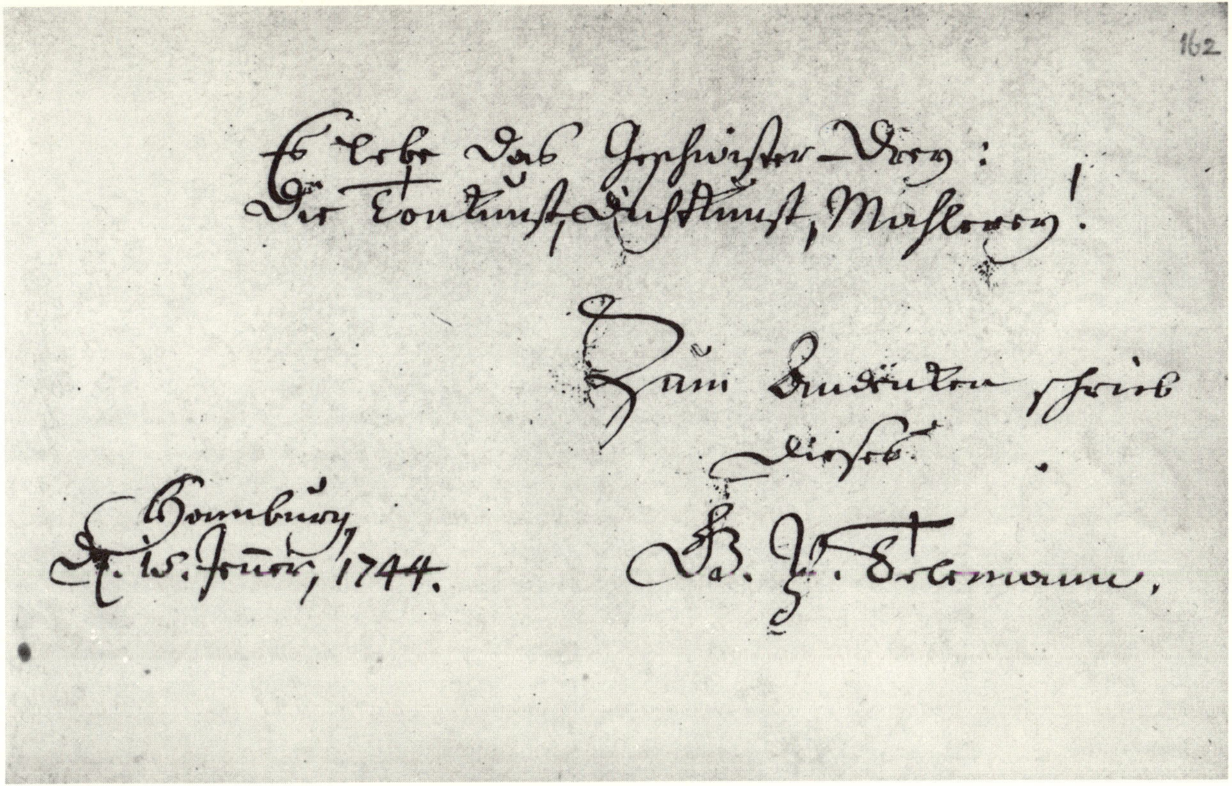

55

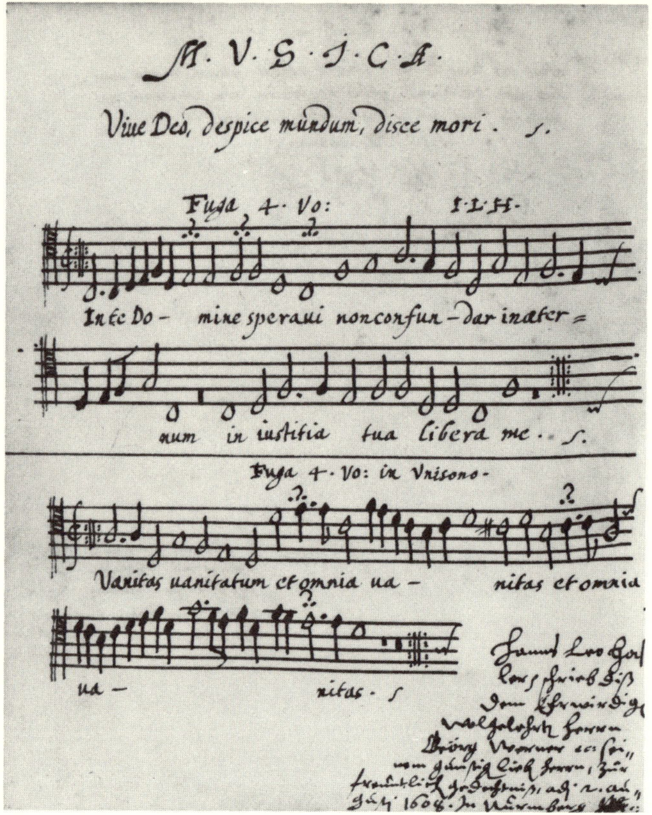
M·V·S·I·C·A·
Viue Deo, despice mundum, disce mori.
Fuga 4. Vo: I.L.H.
In te Do- mine speraui non confun-dar in aeter=
num in iustitia tua libera me.
Fuga 4. Vo: in Vnisono
Vanitas uanitatum et omnia ua- nitas et omnia
ua- nitas.

56

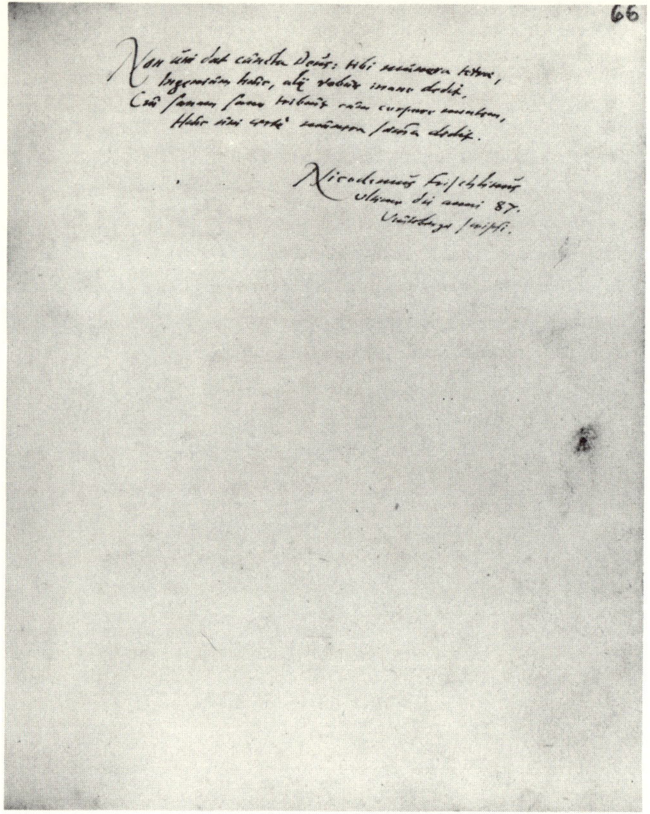

57

55 Zwei vierstimmige Kanons von Hans Leo Hassler. Nürnberg 1608

56 Eintrag des humanistischen Dichters Nicodemus Frischlin. Wittenberg 1587

57 Eintrag des Barocklyrikers Jesaias Rumpler (Rompler von Löwenhalt) mit Lautenspieler. Straßburg 1633

VIII

Bildung: Antike

Die Überzeugung von der menschenbildenden Kraft der Antike ist das Grundmotiv des Humanismus, und die Wiedergeburt der goldenen Zeit der Antike nach dem ›finsteren‹ Mittelalter gab der Epoche den Namen: Rinascita – Renaissance. Mit größtem Eifer werden von den Humanisten verschollene Manuskripte antiker Autoren in Klöstern aufgespürt, eine große Anzahl klassischer Werke erscheinen in Erstausgaben. Die ganz überwiegend lateinischen Zitate in den frühen Stammbüchern zeugen für das humanistische Bildungsideal.

Auch in den bildenden Künsten stehen klassische Themen im Vordergrund. Eine Bildfolge zur römischen Geschichte des Livius von dem Kupferstecher Jost Amman erschien 1573 in Frankfurt am Main (Ammans Vater war Professor für alte Sprachen an der Züricher Gelehrtenschule). Diese Bilder wurden als Stammbuchillustrationen beliebt. Als kolorierte Miniaturen vermutlich von der Hand des Lauinger Künstlers David Brentel haben sich einige im Stammbuch des späteren Schemnitzer Bergwerksmeisters Ulrich Reutter erhalten [58, 64]. Vielleicht vom selben Künstler stammen die Einzelfiguren einer Sirene [62] und der altrömischen Gottheit der Herden, Pales [63]. Ein weiteres Blättchen stellt die traurige Geschichte des babylonischen Liebespaares Pyramus und Thisbe dar [65].

Ein Beispiel aus dem 17. Jahrhundert ist der Sokrates des Ulmer Goldschmieds Hans Ludwig Kienle d. Ä. [61]. Aus dem 18. Jahrhundert stammt die reizvolle Federzeichnung von der Musenquelle Hypokrene, die Pegasus aus dem Felsen des Parnaß schlägt, samt weiteren griechischen Gottheiten [60].

VLRICI REVTTERI POSSESSORIS HVIVS LIBELLI ET MAIORVM INSIGNIA. ANNO DNI LXXX

Seite 85:
58 *David Brentel* (?)
nach Jost Amman:
Publius Horatius Cocles
verteidigt die Tiberbrücke
gegen den Etrusker Porsenna.
Lauingen 1590

59 Wappenblatt des
Stammbuchbesitzers
Ulrich Reutter
aus Lauingen. 1590.

60 Pegasus, die Musenquelle Hypokrene
aus dem Felsen schlagend; Apoll und Athene;
Amor mit zerbrochenem Bogen. Altdorf 1731

61 *Hans Ludwig Kienle d. Ä.:*
Sokrates. Ulm 1651

62 Sirene mit Harfe.
Lauingen, um 1582

63 Pales, altitalienische Göttin der Herden.
Lauingen 1582

64 *David Brentel* (?)
nach Jost Amman:
Kampf der Horatier
mit den Curiatiern.
Lauingen, um 1580

65 Pyramus und Thisbe samt drei Löwen vor ›Babylon‹.
Lauingen 1586

IX

Bildung: Natur

Mit der Bewußtwerdung des Raumes trat für den europäischen Menschen am Beginn der Neuzeit ein gänzlich geändertes Verhältnis zur Natur auf. Dem christlichen Mittelalter war seit Augustinus das ›Buch der Natur‹ als göttliche Schöpfung eine Erkenntnismöglichkeit des in den sichtbaren Dingen verborgenen Schöpfers, und der mittelalterliche Mensch fühlte sich als Glied dieser Schöpfung in ihr geborgen. Nun aber trat der Mensch aus dieser Geborgenheit heraus und steht seither als Individuum der Welt gegenüber. Als klassische Schilderung dieses neuen Erlebens gilt seit Alexander von Humboldt Francesco Petrarcas Brief über seine Besteigung des 1912 m hohen Mont Ventoux im Jahre 1336. In den folgenden Jahrhunderten wird sinnbildliche Naturdeutung immer mehr von empirischer Naturforschung abgelöst.

Die Stammbuchbilder auf den folgenden Seiten sind überwiegend in der ersten Hälfte des 18. Jahrhunderts entstanden: die exakte Darstellung eines Stieglitzes, der nach einer Spinne pickt [67], die Blumen von zwei in der Kunstgeschichte bekannten Hamburger Schwestern [68], die Seidenstickerei einer Dame aus Pegau [71]. Aktzeichnen gehörte in der Augsburger Akademie längst zum selbstverständlichen Studienfach junger Kunststudenten [69], und ein deutscher Schwedenreisender hat 1743 die Grabkapelle dreier Könige der schwedischen Großmachtzeit abgezeichnet [70]. Ein bis in unsere Tage gebräuchliches Beispiel sinnbildlicher Naturdeutung ist die altbekannte Schmetterlingsmetamorphose als Bild menschlicher Entwicklung, die nebenstehend in einer Darstellung aus der Anfangszeit des Dreißigjährigen Krieges erscheint.

66 Darstellung der Metamorphose Raupe – Puppe – Schmetterling.
Torgau (?) 1623

67 Stieglitz mit Spinne. Augsburg, um 1750

68 Primeln und Rose
sowie Tulpe der Hamburger Blumenmalerinnen
Catharina und Esther Denner. 1744

69 *Johann Lorenz Haid:*
Aktzeichnen in der Augsburger Akademie.
Augsburg 1744

70 Karolinische Grabkapelle an der
Riddarholmkirche in Stockholm. Nach der Natur
gezeichnet von *Johann Gottfried Krell.* 1743

71 Seidenstickerei:
Dame mit Hündchen
im Palmengarten.
Pegau 1741

71

X

Bildung: Allegorie

Allegorien sind Umsetzungen begrifflicher Vorstellungen in anschaubare Bilder: Personifikationen etwa von Tugenden und Lastern, szenische Darstellungen von Sprichwörtern und Sentenzen. Auch die Allegorie ist ein Erbe der Antike; schon in die christliche Kunst des Mittelalters sind antike Personifikationen übernommen worden.

Im 16. Jahrhundert bildete sich eine Sonderform der Allegorie aus: die Emblematik. Das Emblem vereinigt die von Natur aus gegensätzlichen Elemente Wort und Bild zu einem anschaulichen ›Gesamtkunstwerk‹ gelehrten Inhalts (siehe Seite 10f.). Embleme hatten vor allem belehrenden Charakter; neuerdings konnte auch die Verwendung von Emblembüchern als Schulbücher nachgewiesen werden. Ihre Bildmotive wurden in großer Anzahl übernommen, wie etwa das beliebte Bild zweier Hände mit Augen [73]. Die schöne Darstellung vom Fisch im Wasser [75] entstand erst ein Jahr vor der Geburt Goethes, für welchen Sinnbilder zeitlebens eine gewichtige Rolle spielten.

Die nicht sehr gut erhaltene Lauinger Miniatur ist ihrer Originalität wegen hier berücksichtigt: Frösche setzen Störche gefangen; der Vers setzt die Frösche mit der Obrigkeit gleich [74]. Von dem Augsburger Stecher Johann Gottfried Haid stammt die späte Allegorie von der Krönung des Malers durch Minerva, die Göttin der Klugheit, während der Faun als ›inscius‹, Nichtwissender, geschlagen am Boden liegt [79].

Personifikationen sind ebenfalls sehr häufig dargestellt, in Stammbüchern von Rechtsstudenten besonders beliebt Justitia, die Gerechtigkeit [72].

72 Justitia – Gerechtigkeit,
seit der Antike
eine der vier Kardinaltugenden.
Nürnberg 1719

73 Darstellung der Spruchweisheit
›Fide et diffide‹ – ›Vertraue und mißtraue‹
(nach dem spanischen Emblembuch
des Diego de Saavedra Fajardo). 1642

74

74 Allegorische Darstellung:
Frösche nehmen Storch gefangen.
Lauingen 1591 (?)

75 Emblematische Darstellung:
Fisch im Wasser mit Beischrift
»In motu quietem« –
»Ruhe in der Bewegung«.
Leipzig 1748

75

76 Verbildlichung der Gleichnisrede vom Wolf im Schafspelz aus der Bergpredigt (Mt. 7,15). Schemnitz 1639

77 Glücksritter: halb Krieger, halb Spielmann auf der Kugel der Fortuna. Genua 1620

255
Non omnibus una
Sic inter
dum est,
inter ami„
inmediis
veretur.
hostes viven=
tanqvam
cos, ac si
hostibus vi-
Aristot: L.3
Pol:
Norib: d°. 24. Maii
A°. 1718.
Fide. Cui Vide.
Hacce Nobilissimo Domino
Possessori, hujus albi, in Memo„
riam Amicitiæ Singularis,
apponere Voluiti Debuit.
J.J. Wolff.

78 Putten probieren Larven.
Nürnberg 1718

79

79 *Johann Gottfried Haid:*
Die Krönung des Malers.
Augsburg 1746

XI

Menschliches Schicksal

In ebenso anmutiger wie eindrucksvoller Weise illustrieren die nebenstehenden Bilder die Eingebundenheit des Menschen: Er steht auf der Kugel der Fortuna, Sinnbild des rasch sich wandelnden Geschicks, und wird von einander widerstrebenden äußeren Kräften gezogen – wem er sich zuneigt, bestimmt meist nicht der freie Entschluß, sondern die innere Gebundenheit durch Anlage und Vorliebe.

Zur Standhaftigkeit in äußeren Schicksalsschlägen wie gegen innere Anfechtungen dienen als Erziehungsideal der frühen Neuzeit die Tugenden: die vier antiken Kardinaltugenden Fortitudo – Prudentia – Justitia – Temperantia (Stärke, Klugheit, Gerechtigkeit, Mäßigkeit) und vier christliche Tugenden: Religio christiana – Pietas – Spes – Caritas (Christliche Religion, Frömmigkeit, Hoffnung, Liebe); durch sie gerüstet soll das Lebensschiff des Menschen alle Stürme überstehen. Dem mittelalterlichen Kampf zwischen Tugenden und Lastern setzte die italienische Renaissance den Kampf zwischen Virtus und Fortuna, zwischen innerer Tugend und äußerem Geschick, entgegen, und als Lohn der Tugend wurde der Nachruhm verheißen.

Spezifisch christlicher Tradition entsprangen die Vanitas-Darstellungen, die im 17. Jahrhundert – im Europa des Dreißigjährigen Krieges – großen Einfluß gewannen: vergänglich ist alles Irdische: Macht, Reichtum und Schönheit vergehen nur zu rasch. Deshalb ist die vornehmste Aufgabe des Menschen, des allgegenwärtigen Todes eingedenk zu sein. Memento mori – gedenke daran, daß du sterben wirst, lautet die eindringliche Mahnung all dieser Darstellungen.

80

81

80 Der Jüngling zwischen vier Kräften: Obwohl die Frau ihn am dünnsten Band zieht, neigt er sich ihr zu. Prag 1589

81 Das Mädchen zwischen Kavalier und Greis. Nürnberg 1590

82 Schiff im Sturm,
seit der Antike
ein Gleichnis des
menschlichen Schicksals,
mit dem Motto:
›Constanter in adversis‹ –
›Beständig im Unglück‹.
Venedig 1576

83 Liebespaar
mit Amor
und Fortuna.
Kremnitz 1641

84

84 Illustration des Verses Ps. 119, 37
der in Luthers Übersetzung lautet:
›Wende meine Augen ab, daß sie nicht sehen
nach unnützer Lehre‹. Zittau (?) 1658

85 Sinnbild der Vergänglichkeit irdischen Ruhms.
Bildseite zu dem als Frontispiz
abgebildeten Text (vgl. Einleitung).
Nürnberg 1628

85

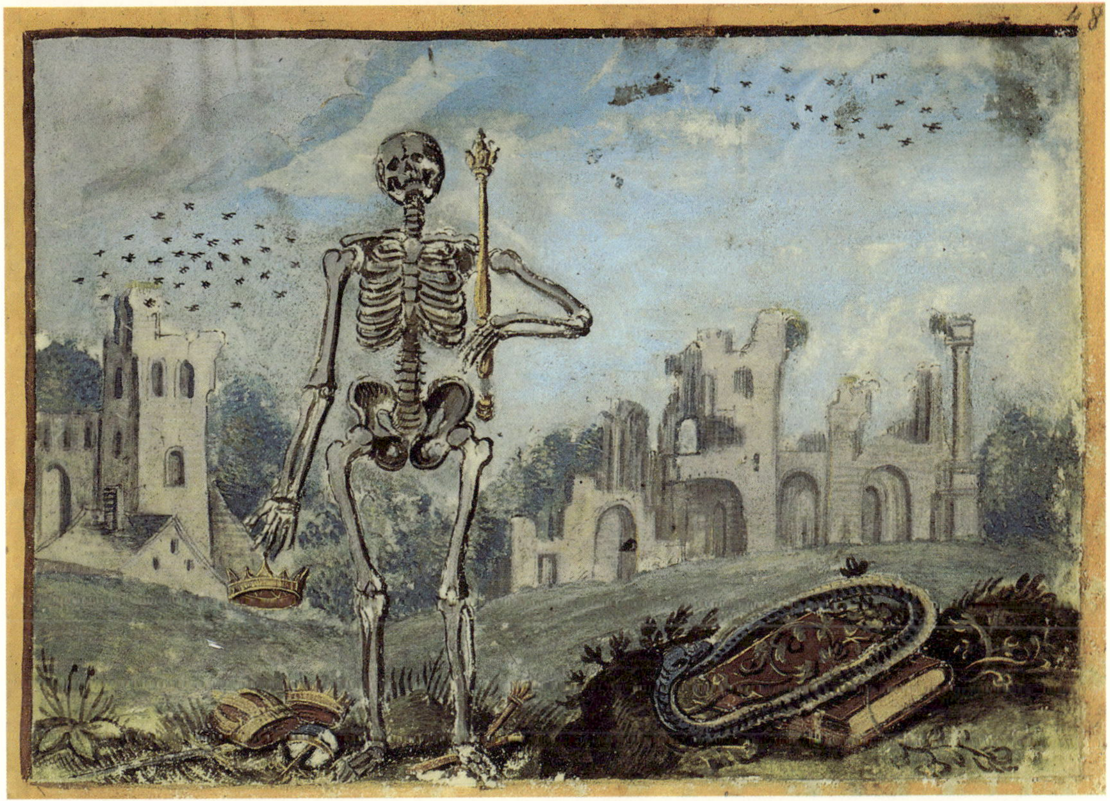

86 Tod mit Tugendsymbolen: Weg und Ziel menschlichen Lebens. Schemnitz 1634

87 Memento-mori-Darstellung mit zwei Psalmversen. Kremnitz 1635

88

88 Vergänglichkeitsdarstellung mit Symbolen für Macht, Reichtum und Schönheit; auf dem Spruchband des Engels das Wort ›Vanitas‹. Altdorf 1647

89 *Johann Gottfried Lange:* Drei Lebensalter. Leipzig 1761

89

90 Memento mori. Danzig 1720

Literaturhinweise
Konkordanz
Personenregister

Literaturhinweise

Amelung, Peter: *Die Stammbücher des 16./17. Jahrhunderts als Quelle der Kultur- und Kunstgeschichte.* In: Zeichnung in Deutschland. Ausstellungskatalog Staatsgalerie Stuttgart, Bd. 2, 1980, Seite 211–222

Bild und Wort. Pirckheimer-Jahrbuch 1, 1985

Camerarius, Joachim: *De Philippi Melanchthonis ortu, totius vitae curriculo, et morte* ... Leipzig 1566

Johann Cuspinians Briefwechsel, hg. v. H. Ankwicz von Kleckoven (Veröffentlichungen der Kommission zur Erforschung der Geschichte der Reformation und Gegenreformation. Humanistenbriefe 2) 1933

Fechner, Jörg Ulrich (Hg.): *Stammbücher als kulturhistorische Quellen* (Wolfenbütteler Forschungen 11) 1981

Goldmann, Karlheinz: *Nürnberger und Altdorfer Stammbücher aus vier Jahrhunderten* (Beiträge zur Geschichte und Kultur der Stadt Nürnberg 22) 1981

Harms, Wolfgang/Reinitzer, Heimo (Hgg.): *Natura loquax. Naturkunde und allegorische Naturdeutung vom Mittelalter bis zur frühen Neuzeit* (Mikrokosmos. Beiträge zur Literaturwissenschaft und Bedeutungsforschung 7) 1981

Hartmann, Roland: *Die handschriftliche Eigentumskennzeichnung des Buches bis zum 16. Jahrhundert.* 1985

Heffels, Monika: *Die Handzeichnungen des 18. Jahrhunderts* (Kataloge des Germanischen Nationalmuseums Nürnberg: Die deutschen Handzeichnungen 4) 1969

Heinzer, Felix: *Das Album amicorum (1545–1569) des Claude de Senarclens.* In: Stammbücher des 16. Jahrhunderts. Arbeitsgespräch Wolfenbüttel 1986 (Druck in Vorbereitung)

Henkel, Arthur/Schöne, Albrecht: *Emblemata.* 1967

Höhn, Heinrich: *Alte Stammbücher im Besitz des Germanischen Nationalmuseums zu Nürnberg.* In: Zeitschrift für Bücherfreunde N.F. 5, 1913, Seite 1–11, 33–48, 75–85

Keil, Robert und Richard: *Die deutschen Stammbücher des XVI. bis XIX. Jahrhunderts.* 1893

Klose, Wolfgang: *Stammbücher – eine kulturhistorische Betrachtung.* In: Bibliothek und Wissenschaft 16, 1982, Seite 41–67

Klose, Wolfgang: *Corpus Album Amicorum.* In: Internationales Archiv für Sozialgeschichte der deutschen Literatur 10, 1985, Seite 154–168

Köhler, Johannes: *Der ›Emblematum liber‹ von Andreas Alciatus (1492–1550).* 1986

Kurras, Lotte: *Die Münchener Titurelhandschrift als Stammbuch des Johann Fernberger von Egenberg.* In: Codices manuscripti 12, 1986, Seite 82–84

Kurras, Lotte: *Zwei österreichische Adelige des 16. Jahrhunderts und ihre Stammbücher: Christoph von Teuffenbach und Johann Fernberger von Egenberg.* In: Stammbücher des 16. Jahrhunderts. Arbeitsgespräch Wolfenbüttel 1986 (Druck in Vorbereitung)

Rosenheim, Max: *The Album Amicorum.* In: Archaeologia 62, Oxford 1910, Seite 251–308

Rothenfelder, Ludwig: *Die Stammbücher des Germanischen Nationalmuseums in Nürnberg.* In: Der Familienforscher in Bayern, Franken und Schwaben 1, 1954, Seite 38–153

Schmid, Karl/Wollasch, Joachim (Hgg.): *Memoria. Der geschichtliche Zeugniswert des liturgischen Denkens im Mittelalter* (Münstersche Mittelalterschriften 48) 1984

Wuttke, Dieter: *Portrait des Willibald Pirckheimer.* In: Caritas Pirckheimer 1467–1532. Ausstellungskatalog Nürnberg 1982, Nr. 33 Seite 57f.

Konkordanz der abgebildeten Stammbuchblätter mit dem wissenschaftlichen Katalog der Stammbücher des Germanischen Nationalmuseums*

Katalog-nummer		Signatur	Abbildung
Nr. 5	=	Hs 113302	6
Nr. 6	=	Hs 461	1, 12, 21, 22, 32, 37, 82
Nr. 9	=	Hs 6037a	1
Nr. 10	=	Hs 32900	3, 11, 20, 23, 52
Nr. 11	=	Hs 113306a	IX, 55, 56
Nr. 12	=	Hs 123725	7, 8, 10, 31, 65
Nr. 13	=	Hs 121165	2, 5, 58, 59, 62, 63, 64, 74, 80
Nr. 17	=	Hs 6037d	81
Nr. 22	=	Hs 128793	35
Nr. 25	=	Hs 113306c	50
Nr. 29	=	Hs 128976	43
Nr. 32	=	Hs 35153	VI, 46
Nr. 35	=	Hs 121659	9, 19
Nr. 37	=	Hs 18034	34, 66
Nr. 38	=	Hs 176762	77
Nr. 42	=	Hs 7026	24
Nr. 47	=	Hs 121644	53
Nr. 48	=	Hs 117656	IV, V
Nr. 50	=	Hs 125605	Frontispiz, II, 45, 85
Nr. 52	=	Hs 140348	57
Nr. 55	=	Hs 125094	4, 41, 76, 83, 86, 87
Nr. 57	=	Hs 113303	IX
Nr. 58	=	Hs 113301a	44
Nr. 59	=	Hs 35364	26, 88
Nr. 60	=	Hs 137321	30
Nr. 62	=	Hs 125621	61
Nr. 63	=	Hs 117664	84
Nr. 66	=	Hs 137496	38
Nr. 71	=	Hs 84104b	73
Nr. 74	=	Hs 140329	IX
Nr. 76	=	Hs 113307c	72, 78
Nr. 79	=	Hs 117217b	25, 90
Nr. 81	=	Hs 181990	15, 17, 27
Nr. 82	=	Hs 123419	14, 29
Nr. 84	=	Hs 84104e	60
Nr. 86	=	Hs 128145	IX, X
Nr. 87	=	Hs 26691	51
Nr. 89	=	Hs 113064a	71, 75, 89
Nr. 90	=	Hs 113894	IX, XI, 16, 18, 28, 33, 39, 47, 54, 68
Nr. 91	=	Hs 87513	XII, 13, 40, 42, 48, 67, 69, 70, 79

* Die Stammbücher des Germanischen Nationalmuseums Nürnberg
T. 1: 1550–1750 (Die Handschriften des Germanischen Nationalmuseums 5,1),
bearbeitet von L. Kurras. Wiesbaden 1988

Personenregister

FIDE Cui